와인 콘서트

와인글라스에 담긴 인문학 이야기

WINE CONCERT
와인 콘서트

김관웅 지음

종은
더책

"와인을 왜 좋아하세요?" 뜬금없는 질문 같지만 한번쯤 생각해본 적 있으신가요.

저는 와인을 접할 때 안개가 짙게 드리워진 정원 속으로 걸어들어 가는 느낌을 받습니다. 그 속에는 아름다운 향을 내뿜는 꽃도, 기분을 청량하게 만드는 허브도, 아름드리 침엽수도 있습니다. 그런데 그 정원 속 꽃의 향도 나무의 모양도 늘 다릅니다. 와인 한 병 속에 사계절의 변화가 모두 있다면 믿을 수 있나요?

"오늘은 어떤 정원이 날 기다릴까." 와인 코르크를 열 때마다 마음을 들뜨게 하는 설렘은 엄청난 행복감을 줍니다. 아마도 제가 와인을 사랑하고 즐기는 것은 와인이 이처럼 변화무쌍하고, 직접 잔을 기울이기 전에는 예측이 불가능한, 정말 다양한 개성을 가진 술이기 때문입니다.

와인은 같은 포도 품종을 사용해 만들어도 어느 지역에서, 어떤 와이너리가, 어느 해에 만들었는지에 따라 맛과 향이 전혀 다릅니다. 심지어 같은 와이너리가 매년 똑같은 방식으로 와인을 만들어도 해마다 와인의 풍미가 절대로 같지 않습니다.

같은 와인도 햇와인일 때와 숙성기에 접어들었을 때의 맛이 다르고, 정점에 이르렀을 때와 수명을 다하기 전의 맛과 향은 또 다릅니다. 그래서 와인을 '시간이 만드는 예술'이라고 표현하기도 합니다.

사실 저는 소주와 맥주를 섞어 마시는 속칭 '폭탄주' 애호가였습니다. 불과 5년 전까지만 해도요. 하지만 지금은 폭탄주 대신 거의 매일 집에서 와인을 마십니다. 특히 주말에는 가족이나 지인들을 초대해 좋은 음식과 함께 와인 잔을 기울이는 것을 가장 큰 행복으로 여기고 있습니다.

제가 이렇게 와인에 푹 빠진 또 다른 이유는 와인이 음식과 같이 있을 때 더 맛있는 술이기 때문입니다. 또 일반적인 증류주나 혼성주와 달리 알코올 도수가 그리 높지 않아 술을 못하거나 독주를 싫어하는 사람도 함께 자리를 할 수 있어 좋고요. 특히, 이른바 '원샷'에 대한 부담이 없어 자신의 주량에 맞춰 술을 마실 수 있고 모두가 자신의 주량에 맞춰 같은 속도로 취할 수 있다는 점도 와인이 갖는 큰 매력입니다. 이는 그만큼 술자리를 같이할 수 있는 대상이 넓어진다는 것을 의미합니다.

그러나 와인의 가장 좋은 점은 식사 자리나 술자리에서 오가는 대화의 내용이 달라진다는 것입니다. 저는 와인을 나누는 자리에서 그 와인에 대해 식사에 방해가 되지 않을 정도로 짧게 소개하곤 합니다. 그러다 식사 중간중간 와인의 맛과 향에 대한 질문이 나오면 그 얘기와 함께 해당 와인에 대한 보다 깊은 역사적 배경이나 얽힌 에피소드 등을 하나둘씩 식탁에 꺼내놓습니다. 좋은 식사 자리에서 맛있는 음식을 마주할 때 그 음식에 얽힌 스토리가 더해지면 음식 맛이 더 좋아지는 것과 같은 이치입니다.

그러다 보면 고대와 중세, 근대, 현대의 정치, 경제, 사회, 문화에 대한 얘기로 자연스럽게 연결되죠. 특히 아직 지적 성장기에 있거나, 사회초년생인 조카들에게는 정치, 경제, 문화 등 우리 인류가 걸어온 발자취를 알기 쉽고 재미있게 얘기해주기도 합니다. 그러면 정말 귀를 쫑긋 세웁니다.

『와인 콘서트』는 1부-전쟁과 와인, 2부-와인에 취한 인류, 3부-와인의 경제학, 4부-궁금증으로 풀어보는 와인 등 총 네 가지 테마로 구성됐습니다.

각 부는 '전쟁' '인류' '경제'처럼 전체를 관통하는 테마를 가지고 각 장을 이끌며, 각 장은 하나의 주제를 가지고 마치 소나타 악곡을 듣는 것처럼 도입부(Introduction)로 시작해 스토리가 전개되고 종결부(Coda)를 통해 깔끔하게 마무리됩니다.

이 책은 와인에 대한 맛의 특징이나 물리적인 모습에 대해 심도 있게 기술하기보다는 와인에 얽힌 재미있는 역사적, 문화적 내용을 소개하거나 와인을 경제학적인 시각을 통해 풀어낸 인문학 책입니다.

여러분들이 와인을 마시는 자리에서 와인과 관련한 보다 다양하고 깊은 대화를 이끌어내는 데 도움이 되기 바랍니다.

CONTENTS

1부

전쟁과 와인

전쟁은 인류 문명을 파괴하고 인간의 본성마저 짓밟는 정말 가장 잔인한 행위입니다. 하지만 전쟁은 아이러니하게도 인류에게 생각하지도 못했던 새로운 먹거리를 가져다주기도 합니다. 와인 산업의 발전과 확산도 마찬가지입니다. 와인은 전쟁과 참 많이 맞닿아 있습니다. 고대에도, 중세에도, 현대사회에 이르기까지 우리 인류는 중요한 순간에 늘 와인과 함께 있었습니다. 아니 어쩌면 와인의 곁에 인류가 있었는지도 모릅니다.

십자군 전쟁이 탄생시킨
부르고뉴 와인

"이슬람교도들이 지중해까지 세력을 확장해 너희 형제를 공격하고, 죽이고, 납치해 노예로 만들고 있다. 그들이 우리의 교회를 파괴하고 모스크로 바꾸고 있다. 더 이상 그들의 폭력을 용납해서는 안 된다. 그 땅으로 가서 이교도들과 싸워라. 설사 그곳에서 목숨을 잃는다 하더라도 너희들은 죄를 완전히 용서받게 될 것이다. 주께서 원하신다."

1095년 11월 27일 프랑스 중부에 있는 작은 마을 클레르몽Clermont에서 열린 공의회에서 교황 우르바노 2세Urbanus II가 교회 사제들과 청중들 앞에서 이렇게 외칩니다. 십자군 원정의 필요성을 설파하며 "주께서 원하신다(Deus lo vult)"로 끝낸 교황의 메시지는 너무도 강렬했습니다. 마침내 유럽 사회가 전쟁의 광기에 휩싸입니다.

클레르몽 공의회에서
연설하는
교황 우르바노 2세

이듬해인 1096년 8월 15일 성모 마리아 승천 대축일을 맞아 십자
군이 동방으로 출발합니다. 1291년까지 무려 200년 동안 동서양이
피비린내 나는 무차별 살육을 자행한 십자군 전쟁의 시작을 알리는
역사 속 한 장면입니다.

십자군 전쟁은 유럽을 송두리째 변화시킨 커다란 사건이었습니다.
십자군 원정 과정에서 주요 도시의 기능이 살아나고 전쟁물자 조달
등으로 상업 활동이 활발해졌습니다. 폐쇄적이고 저급한 장원경제
에 머물던 유럽이 상업 위주의 완전한 개방경제로 바뀌면서 서서히
부를 축적하기 시작합니다.

그러나 교황은 십자군 원정 실패로 권위가 추락하고 봉건영주들도
몰락하게 됩니다. 반면 왕권이 강화돼 근대국가의 기틀이 잡히고 상
업의 활성화로 시민권이 존중되면서 훗날 르네상스 운동이 일어나

게 됩니다. 십자군 전쟁은 유럽 입장에서는 비록 실패한 전쟁이었지만 세계 역사의 헤게모니가 동방에서 유럽으로 넘어가는 거대한 흐름의 단초가 됐습니다.

십자군 전쟁은 와인 산업에도 엄청난 영향을 끼쳤습니다. 십자군 전쟁이 시작되기 180여 년 전인 서기 910년 프랑스 부르고뉴^{Bourgogne}에서 가톨릭 역사상 중요한 사건이 발생합니다.

"이곳에 모인 수도사들은 어떠한 세속의 권세에도 구속받지 않을 것이다. 내 친족은 물론 나라의 권세에도 얽매이지 않을 것이다. 교회의 재산은 오로지 성 베드로와 성 바오로에게 있다."

프랑스 아키텐 공국의 공작인 기욤 1세가 부르고뉴의 소느 에 루아르^{Saone-et-Loire}라는 곳의 클뤼니^{Cluny}에서 수도원을 세운 후 교황의 권

끌로 드 부조의 한 포도밭

위 아래 둔다는 선언을 합니다.

이는 수도원의 설립자가 수도원을 소유하고 운영하던 당시 관례를 깨는 것으로 나중에 엄청난 파장을 몰고 옵니다.

가톨릭교회를 대표하는 수도원은 그때까지만 해도 거의 모두가 귀족의 사유재산이었습니다. 수도원은 많은 수도사들이 한데 모여 신학을 연구하며 구도자 생활을 하는 곳이었습니다. 이를 운영하기 위해서는 많은 돈이 필요했는데 대부분 주변에 살고 있는 귀족들이 댔습니다. 귀족들은 사후에 구원을 받기 위해 자기를 대신해 기도를 해줄 사람이 필요했고, 수도원의 수도사들은 돈을 받는 대신 그 역할을 맡은 것이었습니다.

귀족들은 수도원장에 자신의 인척이나 친분이 많은 사람을 임명했습니다. 신앙심이 깊은지 여부는 아무 상관이 없었습니다. 자신의 재산 중 하나인 수도원을 잘 관리할 수 있는지가 중요했습니다. 평신도는 물론이고 나이 어린 소년에게 수도원장을 맡기기도 했습니다. 심지어는 수도원장이 처자식을 거느리고 수도원에 들어오는 경우도 많았다고 합니다.

하지만 클뤼니 수도원이 생기면서부터 이런 관행이 깨지기 시작합니다. 기욤 1세는 자신이 세운 클뤼니 수도원의 소유권을 포함한 모든 권리를 포기했습니다. 수도원장도 수도사들이 스스로 선출하도록 하고, 세속 권력의 간섭을 받지 않도록 자율권을 완전히 보장했습니다. 대신 수도사들에게는 금욕을 중시하는 베네딕토 수도 규칙

클뤼니 수도원

을 엄수하도록 했습니다.

이때부터 수도원이 빠르게 봉건 영주와 귀족의 영향에서 자유로워지기 시작합니다. 중세 교회가 클뤼니 수도원이 중심이 돼 본격적인 개혁을 시작합니다.

그러나 수도원이 귀족의 영향력을 벗어난다는 것은 외부에서 재정 지원이 끊겨 자립을 해야 한다는 것을 의미합니다.

수도사들이 재정을 마련하기 위해 기부받은 땅에 포도 농사를 짓기 시작합니다. 성찬의식에 꼭 필요한 와인을 생산하고 또 일반인에게도 와인을 팔아 운영자금에 보탰습니다. 수도사들은 성서를 연구하고 기도하며 틈틈이 나가 포도밭을 일궜습니다. 베네딕토 수도회를 나타내는 문구인 '기도하며 일하라(Ora et labora)'라는 말이 이때 시작됐습니다.

그러던 중 1096년 십자군 전쟁이 시작됩니다. 원정을 떠나는 영주와 기사들이 자신의 땅을 하나둘씩 클뤼니 수도원에 헌납하기 시작합니다. 교황의 권위 아래 있으며 신앙심이 충만한 수도사들에게 죽음이 오가는 전쟁터에서 자신이 무사히 살아 돌아올 수 있게 하느님께 대신 빌어달라는 것이었습니다.

끌로 드 부조 내의 한 샤또와 와인저장고
출처_샤또 끌로 드 부조 사이트

클뤼니 수도원의 자산이 빠르게 불어나기 시작합니다. 클뤼니 수도원은 각 지역에 지회를 만들어 이 자산을 관리했는데 1100년대에는 그 수가 무려 2,000여 개에 달했다고 전해집니다. 각 지회는 수익의 일정액을 클뤼니 수도원에 보내도록 돼 있어 클뤼니 수도원은 엄청난 부를 누리게 됩니다.

그러나 수도원도 물질적으로 부유해지자 세속적으로 타락하기 시작합니다. 수도사들이 넘치는 부를 주체하지 못하고 무절제한 음주와 과소비에 빠져들기 시작합니다. 수도사들의 책무이던 베네딕토 수도 규칙은 이미 잊은 지 오래였습니다.

수도원 개혁의 시작이자 중심에 섰던 클뤼니 수도회도 결국 개혁의 도마에 오르게 됩니다. 1122년 시토 수도회Cistercian에 명망 높던 베르나르Bernhard von Clairvaux가 입회하면서 수도회의 중심이 클뤼니에서 시토로 이동하게 된 것이죠.

시토 수도회는 1089년 클뤼니 수도회의 이 같은 타락에 반발해 수도사 20여 명이 디종Dijon 근처에서 새롭게 세운 교단입니다. 이 수도사들은 귀족들로부터 땅을 기부받아 본격적으로 포도 농사를 지으며 성서 연구에 몰두하게 됩니다. 이들이 처음 자리 잡은 곳이 바로 부르고뉴 와인의 성지인 끌로 드 부조입니다. 오늘날 세계 최고가 와인으로 이름이 높은 도멘 드 라 로마네 꽁띠DRC의 로마네 꽁띠Romanee Conti 등을 비롯한 꼬뜨 도르Cote d'Or의 명품 와인들이 여기서 시작됐습니다.

가톨릭의 깊은 신앙심은 수도원이 와인 산업을 시작하는 계기를 만들었으며, 그 신앙심의 발로로 시작된 십자군 전쟁은 부르고뉴 와인 산업을 본격적으로 태동하게 만들었습니다. 십자군 전쟁을 일으킨 교황 우르바노 2세도 클뤼니 수도원의 수도사 출신이었습니다.

사회 구성원 절대 다수가 문맹이던 시대에 글을 읽고 쓸 줄 아는 수도사들은 농부 이전에 지식인이고 과학자였습니다. 또 지금의 로버트 파커 주니어에 못지않은 절대 미각을 지닌 사람들이었습니다.

수도사들은 같은 포도밭에서도 햇볕의 양이나 토질에 따라 밭고랑별로 맛이 다른 포도가 나온다는 것을 알았습니다. 그래서 조그마한 돌무더기를 쌓아 이를 구분해놨습니다. 부르고뉴의 유명 포도밭에 '돌담'을 뜻하는 '끌로Clos'라는 명칭이 많은 것은 이 때문입니다.

수도사들은 이 같은 이유를 알기 위해 밭고랑의 흙을 입에 넣어보기도 했습니다. 흙의 외형적인 모습뿐만 아니라 맛으로도 어떤 차이가 있는지 알기 위한 것이었습니다.

오늘날 와인 양조의 가장 기본이 되는 '뀌베 시스템Cuvee System'을 맨 처음 도입한 것도 수도사들이었습니다. 뀌베 시스템은 와인을 만들 때 수확한 포도를 한데 모두 섞지 않고 밭고랑 또는 밭의 위치별로 포도를 구분해 와인을 만든 후 그 품질이나 특성을 파악해 와인을 섞는 시스템을 말합니다. 예를 들어 언덕으로 경사진 포도밭의 경우 비가 많이 온 해에는 언덕의 위쪽에서 난 와인을 메인으로 삼아 양조하고, 반대로 가물었을 때는 아래쪽에서 난 와인을 주로 사용하는 것이죠.

수도사들은 지식인답게 포도를 재배하고 와인을 만들며 땅의 속성을 하나하나 파악해 기록해뒀습니다. 이런 귀한 경험과 지식이 수백 년 이상 쌓이면서 수도원의 와인은 주변의 다른 농부들의 와인과는 비교할 수 없을 정도로 훌륭한 품질을 보였습니다. 그 노하우가 모두 집약돼 있는 곳이 바로 끌로 드 부조입니다.

와인 전문가들에 의하면 수도사들이 이미 1,000년 전부터 밭고랑별로 포도 맛을 구분해 쌓은 돌담들은 현재에도 정확하게 들어맞는다고 합니다. 그들은 이미 1,000년 전부터 떼루아를 알고 있었던 것입니다.

끌로 드 부조는 부르고뉴 그랑크뤼Grand Cru 밭 중 가장 큰 그랑크뤼 밭입니다. 그러나 현재는 소유주가 100명이 넘습니다. 1789년 프랑스 혁명 이후 수도원 소유이던 포도밭이 압수당해 경매에 부쳐져 소유자가 나뉘고, 여기에 더해 나폴레옹 황제시대 때 장자상속법이 폐지되면서 다시 또 쪼개졌기 때문입니다. 그러다 보니 그랑크뤼 밭임에도 와인의 품질이 들쭉날쭉합니다. 쪼개진 포도밭마다 떼루아가 크게 다르고 소유주의 와인 제조방식도 천차만별로 변했기 때문입니다.

끌로 드 부조 그랑크뤼

지금 앞에 놓인 와인 레이블에 '끌로^{Clos}'라는 글자가 보이나요? 그렇다면 1,000년의 역사가 녹아 있는 와인을 마시고 있는 것입니다.

영국과 프랑스 백년전쟁은
와인전쟁

1340년 6월 23일 새벽 잉글랜드를 출발한 코그선 147척이 도버해협을 건너 제일란트 앞바다 슬라위스Sluis에 들이닥칩니다. 슬라위스는 지금의 벨기에에 위치한 항구도시로 당시 유럽에서 최강의 국력을 자랑하는 프랑스가 제노바 등 인근 해상국가와 연합함대를 구성해 진을 치고 있었습니다.

프랑스 연합군이 탄 갤리선은 항해속도가 빠른 데다 무시무시한 충각과 투석기까지 갖춘 첨단 군함이었습니다. 게다가 선단 규모는 잉글랜드군의 2배가 넘었습니다. 반면 잉글랜드군이 타고 있는 코그선은 양모 등을 실어 나르는 상업용 배로 전투 장비조차 제대로 갖추지 못해 전투함이라고 보기도 어려울 정도로 형편없는 배였습니다. 누가 보더라도 전투가 시작되면 승부가 순식간에 갈릴 게 뻔해

보였습니다.

　잉글랜드군은 겁을 잔뜩 집어먹었는지 멀리서 프랑스 연합군을 지켜보기만 할 뿐 꼼짝도 하지 않았습니다. 그런데 갑자기 잉글랜드 코그선 군단이 갑자기 프랑스 연합군 함대를 향해 무서운 속도로 진격하기 시작합니다. 아침이 되면서 바람의 방향이 뒷바람으로 바뀌자 이를 이용해 습격에 나선 것이었습니다. 멀게만 보이던 잉글랜드 코그선단이 순식간에 가까이 다가오자 항구에 집결해 있던 프랑스 연합군 전함들이 우왕좌왕합니다. 그러던 중 하늘에서 커다란 화살이 비 오듯 쏟아집니다. 잉글랜드 장궁에서 발사된 화살이었습니다. 순식간에 프랑스군 수백 명이 쓰러졌습니다. 장궁은 활대 길이가 2m가 넘는 큰 활로 200m 밖의 먼 거리에서도 기사가 입은 철갑옷을 관통해 죽음을 선사하는 정말로 엄청난 살상력을 자랑했습니다. 강

장 프루아사르 연대기에 기록된
슬라위스 해전

장궁으로 무장한 잉글랜드군(오른쪽)과
석궁을 갖춘 프랑스군이
크레이시 전투에서 맞붙고 있는 모습

력한 맞바람을 등에 업고 밀려드는 잉글랜드의 충파 공격과 이어지는 근접전에 프랑스군은 큰 바다로 나오지도 못한 채 항구에서 전멸을 당합니다. 당시 해전을 기록한 역사서에 따르면 프랑스 연합군은 단 한 척도 온전한 배가 없었다고 합니다.

백년전쟁은 이 전투를 기점으로 잉글랜드로 전세가 확 기웁니다. 잉글랜드는 이어 크레시Crecy 전투 등 잇단 전투에서 연전연승하며 거의 100년 동안 프랑스 국토 전역을 유린하게 됩니다.

잉글랜드와 프랑스가 1337년부터 1453년까지 무려 116년 동안 벌인 백년전쟁은 프랑스 왕위계승권을 놓고 벌인 전쟁으로 알려져 있지만 실제로는 보르도 와인을 차지하기 위한 '와인전쟁'이었습니다.

1328년 프랑스 왕 샤를 4세가 아들이 없는 상태에서 갑자기 죽자 그의 사촌인 필리프 백작이 프랑스 왕위에 올라 필리프 6세가 됩니다. 당시 잉글랜드의 왕이던 에드워드 3세는 죽은 샤를 4세의 여동생이 낳은 아들이었으므로 자신에게 프랑스 왕위계승권이 있다고 주장합니다. 그리하여 잉글랜드와 프랑스 간 갈등이 시작되고 마침내 백년전쟁으로 발전한 것으로 알려져 있습니다.

그러나 실제 내막은 조금 다릅니다. 백년전쟁은 프랑스가 자신들의 영토 내에 있지만 잉글랜드가 소유하고 있는 가스코뉴Gascogne 지방을 차지하기 위한 '와인 전쟁'이었습니다. 프랑스 남서부에 위치한 가스코뉴 지방은 그 유명한 보르도Bordeaux와 당시 최대 와인 산지이던 까오르Cahors, 가이약Gaillac이 속해 있는 곳입니다.

가스코뉴 지도

주류에 붙는 세금은 당시에도 엄청나게 많았습니다. 보르도는 이 일대 와인이 모이는 집산지로 이곳에서 유럽 곳곳으로 뿌려졌습니다. 이 때문에 와인무역으로 거둬들이는 세금이 당시 프랑스 내 다른 모든 지역에서 나오는 세금을 합친 것보다 많았다고 합니다. 하지만 가스코뉴의 소유권이 잉글랜드에 있어 그곳에서 나오는 막대한 세금을 잉글랜드가 다 가져가니 프랑스로서는 환장할 노릇이었습니다.

반대로 잉글랜드에게 보르도는 정말 보물과도 같았습니다. 와인 수출로 거둬들이는 세금이 어마어마한 데다 자신들은 세금 한 푼 물지 않고 저렴한 가격으로 품질 좋은 와인을 맘껏 즐길 수 있었습니다. 보르도에서 공급하는 포도주의 양이 얼마나 많았던지 잉글랜드에서는 극빈자 가정에서도 보르도 와인을 충분히 마실 수 있었다고 합니다.

사실 가스코뉴 지방은 백년전쟁이 일어나기 불과 187년 전까지만 해도 잉글랜드 소유가 아니었습니다. 1152년 프랑스 영토의 3분의 1을 차지하고 있던 아키텐 공국의 공주이자, 프랑스 루이 7세의 왕후인 알리에노르Alienor d'Aquitaine가 결혼한 지 15년 만에 이혼하면서 양국 간에 전쟁의 씨앗이 뿌려집니다.

이혼녀가 된 알리에노르는 나이가 서른 살이었지만 그녀가 결혼할 때 가져갔던 아키텐 공국의 땅을 루이 7세로부터 다시 돌려받았으므로 엄청난 부를 소유하고 있었습니다. 게다가 미모까지 뛰어났으니 유럽 귀족들에겐 최고의 신붓감으로 꼽혔습니다.

알리에노르

그런 알리에노르가 선택한 새로운 배우자는 9살 연하의 노르망디Normandie 공국의 공작이자 앙주Anjou의 백작인 헨리 2세Henry II 였습니다. 헨리 2세는 2년 뒤 1154년 잉글랜드 왕에 오르면서 잉글랜드와 자신이 가지고 있던 프랑스 북부의 노르망디, 프랑스 남서부의 아키텐 지방까지 거대한 영토를 다스리게 됩니다.

프랑스는 당시 '황금 알 낳는 거위'인 가스코뉴 지방의 소유권을 어떻게 가져올까 고민하다 프랑스 북부지역에 위치한 플랑드르 지방을 무력으로 점령하며 잉글랜드를 자극합니다. 플랑드르는 지금의 벨기에 지역으로 오래전

알리에노르와 헨리2세의 무덤

부터 모직물 산업이 발달한 곳이었습니다. 사실상 프랑스 국왕의 영향력이 미치는 곳이었지만 잉글랜드에서 양모를 수입해 모직물을 만들다 보니 상업적으로 잉글랜드와 더 친했습니다. 주민들도 자신들이 잉글랜드의 지배를 받기를 원하던 상황이었습니다.

잉글랜드는 많은 돈을 벌게 해주는 경제공동체인 플랑드르가 봉쇄당했어도 에드워드 3세Edward III는 꾹 참았습니다. 혹시나 프랑스가 가스코뉴 지방에 쳐들어 와 그 지역을 복속해버릴 것을 염려했던 것이죠. 당시 잉글랜드는 프랑스에 비해 인구나 군사력 등 모든 면에서 비교가 안 될 정도로 불리한 데다 아일랜드, 스코틀랜드와 내전을 치르고 있는 상황이어서 프랑스와 전쟁을 할 형편이 아니었습니다.

그러나 프랑스 왕 필리프 6세Philippe VI는 잉글랜드가 웅크린다고 쉽게 물러날 인물이 아니었습니다. 결국 1337년 5월 24일 필리프 6세는 "잉글랜드 국왕이 프랑스와 짐에게 거역하고 불충을 저질렀기에 에드워드에게서 아키텐을 몰수한다"고 선언하며 가스코뉴 지방을 공격합니다. 프랑스는 3년간에 걸친 공세 끝에 지롱드강 하구 북안의 블라예Blaye를 점령한 데 이어 1340년에는 도르도뉴강 어귀에 있는 부르Bourg마저 손에 넣게 됩니다. 프랑스는 여기서 멈추지 않고 사략선(해적선)을 이용해 영국의 양모선을 공격해 나포하는가 하면 잉글랜드 본토까지 넘보며 공격을 계속합니다.

그러던 중 잉글랜드가 슬라위스 해전에서 대승을 거두며 3년 만에 백년전쟁의 전세를 역전시킨 것이었습니다. 잉글랜드는 이후 자그

1899년 보르도의 모습

마치 100년에 가까운 시기 동안 프랑스 전역을 유린합니다. 하지만 1429년 프랑스의 성녀 잔다르크Jeanne d'Arc가 등장하면서 반전이 일어났고 결국 1453년 프랑스의 승리로 끝납니다. 가스코뉴 지방 소유권도 300년 만에 프랑스로 돌아오게 됩니다.

　두 나라 5명의 왕이 대를 이어 무려 116년 동안 벌인 백년전쟁은 와인 산업에도 큰 변화를 가져옵니다. 포르투갈의 포트 와인이 만들어지는 계기가 됐으며 앞서 영국인들의 보르도 와인에 대한 지극한 사랑이 새롭게 꼬냑을 탄생시키기도 했습니다.

알리에노르와 사자심왕 리처드,
마그나 카르타

　중세시대 잉글랜드와 프랑스 간 '백년전쟁'의 씨앗을 뿌린 알리에노르는 살아서는 잉글랜드와 프랑스 두 나라를 손에 쥐고 흔들고, 죽어서는 전 세계 민주국가의 헌법 기초가 된 마그나 카르타 탄생에 간접적으로 관여한 걸출한 여성입니다.

　1122년 아키텐 공국의 큰딸로 태어난 알리에노르는 1137년 아버지 기욤 10세가 산티아고 순례 중 사망하자 아키텐의 영주가 됩니다. 불과 15살 나이였습니다. 아키텐 공국은 프랑스 영토 4분의 1에 해당하는 오늘날 가스코뉴, 리무쟁 등 프랑스 남서부 지역을 모두

헨리 2세와 그의 자식들. 왼쪽 세 번째가 사자심왕 리처드 1세. 맨 오른쪽이 헨리 2세

관할하는 곳이었습니다. 프랑스 와인의 성지 보르도도 이곳에 위치합니다.

타고난 미모와 뛰어난 지성, 엄청난 부까지 거머쥔 알리에노르가 누구와 결혼을 할 것인지는 당대 초미의 관심사였습니다. 프랑스 왕은 자신의 아들을 청혼하게 만들어 알리에노르와 결혼시킵니다. 그 왕자는 곧 프랑스 왕에 등극해 루이 7세Louis VII가 됩니다.

그러나 1147년 루이 7세가 다마스쿠스 함락을 위한 십자군 원정에 오르고, 알리에노르가 따라 나서면서 둘은 역사의 소용돌이에 빠져듭니다. 프랑스를 떠나 긴 원정길에 들른 안티오크 공국에서 알리에노르가 그녀의 숙부 레몽Raimond과 정분이 났다는 소문이 돈 것입니다. 알리에노르와 루이 7세 사이가 급격히 나빠집니다. 당연히 원정도 실패로 돌아가고 귀국한 둘은 이혼 절차에 착수해 공방을 벌인 끝에 결국 1152년 이혼합니다. 결혼생활 15년 동안 둘 사이에는 딸만 둘 있었는데 아들이 없어 이혼을 감행했다는 얘기도 있습니다. 또 알리에노르가 이혼을 하면서 "왕과 결혼한 게 아니라 수도사와 결혼한 것 같다"고 한 말을 볼 때 둘 사이는 이미 오래전부터 금이 가 있었을 수도 있습니다.

루이 7세와 갈라서며 아키텐 영지를 모두 돌려받은 속칭 '30살의 돌싱' 알리에노르는 여전히 귀족들의 선망의 대상이었습니다. 그러나 알리에노르는 수많은 귀족들의 구애를 뿌리치고 노르망디의 공작이자 잉글랜드 왕위계승 후보자인 9살 연하 헨리 2세에게 장문의 편지를 보내고 곧 그와 결혼합니다. 헨리 2세는 2년 뒤 잉글랜드 왕에 올라 잉글랜드 영토와 프랑스 북부의 노르망디, 남서부의 아키텐 영지까지 모두 지배하게 됩니다. 이후 알리에노르는 헨리 2세와 사이에서 5남 3녀를 낳았습니다. 그 아들 중 하나가 가톨릭의 십자군 원정에서 맹활약하며 아랍 세계를 공포에 몰아넣었던 '사자심왕' 리처드 1세Richard I입니다.

그러나 헨리 2세는 얼마 지나지 않아 여러 여성들과 숱한 밀회를 즐기며 사생아까지 만들게 됩니다. 그렇게 둘 사이에 틈이 생기기 시작하자 알리에노르가 다시 움직였습니다. 리처드 1세를 비롯한 그의 아들 세 명을 자극해 헨리 2세에 반기를 들게 한 것이죠. 더 충격적인 것은 전 남편인 프랑스 왕 루이 7세와 손을 잡은 겁니다. 그러나 반란은 실패합니다. 알리에노르의 세 아들은 사로잡히고 아버지에게 충성 맹세를 한 끝에 간신히 용서받습니다. 대신 알리에노르는 솔즈베리성에 무려 15년간이나 유폐당합니다. 알리에노르는 헨리 2세가 죽고 나서야 성 밖으로 나올 수 있었습니다.

리처드 1세

리처드 1세가 잉글랜드 왕위를 이어받아 십자군 원정에 오릅니다. 리처드 1세는 용모가 수려한 데다 키가 190㎝에 달하고 용맹이 정말 남달랐다고 합니다. 이슬람의 영웅 살라딘Saladin을 수

차례 패퇴시키기도 한 그는 1199년 프랑스 중부의 살뮈성을 포위하다 어이없이 사망하게 됩니다.

마그나 카르타

후사 없이 죽은 리처드 1세에 이어 알리에노르의 막내아들 존John이 우여곡절 끝에 왕위에 오릅니다. 존은 프랑스 내 영지를 모두 잃어버리고 전쟁에서도 계속 패배하고 겁도 많아 '못난이 왕'으로도 유명합니다. 1215년 6월 15일 존은 귀족들의 겁박에 휘둘려 왕의 권한을 대폭 제한하는 내용의 '마그나 카르타Magna Carta'에 합의합니다. '왕의 명령만으로 전쟁 협력금 등의 명목으로 세금을 거둘 수 없다' '잉글랜드의 자유민은 법이나 재판을 통하지 않고서는 자유, 생명, 재산을 침해받을 수 없다' 등 자유민의 권리 보장을 담은 이 헌장은 훗날 영국 입헌주의 기본이 되며 전 세계 민주국가 헌법의 기초가 됩니다.

앞서 리처드 1세가 십자군 원정 귀국길에 예기치 않게 신성로마제국에 사로잡히자 알리에노르가 10만 마르크라는 막대한 돈을 지불하고 '가장 사랑하는 아들'을 구해온 것에서 불행의 싹이 텄습니다. 그 돈은 잉글랜드 2년치 재정에 해당되는 엄청난 규모로 국민들을 쥐어짠 돈이었습니다. 이게 결국 존의 실정까지 겹치면서 마그나 카르타로 연결된 것입니다.

영국과 프랑스 갈등이 낳은
포트 와인

"에퉤퉤……. 와인 맛이 왜 이래. 어이쿠, 시큼털털한 게 완전히 식초 같잖아."

한껏 차려입은 잉글랜드 귀족들이 와인을 입에 넣자마자 헛구역질을 해대며 뱉어내기 시작합니다. 포르투에서 잘 익은 와인들이 거친 바다를 떠나 영국을 향했다는 소식에 십여 일째 오늘의 성찬만 기다렸는데…… 긴 항해에 오랫동안 더위에 노출되다 보니 그만 와인의 맛이 완전히 변해버린 것입니다. 하나둘씩 테이블을 박차고 만찬장을 떠나는 귀족들의 실망한 표정이 어땠을지 눈에 선합니다.

포트 와인에 대한 얘기입니다. 잉글랜드는 프랑스와 길고 긴 백년전쟁에서 패배한 후로 더 이상 보르도 와인을 먹을 수 없었습니다. 아마도 프랑스가 얄미운 잉글랜드에 수출금지령을 내렸을 겁니다.

포르투 항구와 인접한 도루강을 따라 펼쳐진 포도밭

보르도 와인을 너무도 사랑했던 잉글랜드인들은 더 이상 제대로 된 와인을 마실 수 없게 되자 이를 대체할 곳을 찾아 나섭니다. 그러던 중 포르투갈 북부에 위치한 항구도시 포트(포르투)를 보고 환호성을 지릅니다. 도시를 가로질러 흐르는 도루강과 주변의 너른 땅, 일조량, 강수량까지 보르도를 똑 닮아 있는 곳이었습니다. 게다가 대서양을 바로 접하고 있어 와인을 만들어 영국으로 가져가기도 좋았습니다. 당시에도 포르투갈의 포트 인근에서는 좋은 포도가 생산되

포트 와인 저장 시설

고 뛰어난 와인이 만들어지고 있었습니다.

그런데 그렇게 찾아낸 땅에서 정성껏 와인을 만들어 영국으로 보냈는데 항해거리가 너무 멀어 그만 배 안에서 와인이 모두 상해버린 것이었습니다.

당시에는 지금처럼 두껍고 튼튼한 유리병도 없었고 밀폐력이 좋은 코르크를 사용하는 방법도 몰랐습니다. 와인을 옮길 때는 그냥 오크통에 담은 후 올리브유를 부어 공기의 접촉을 막거나 오크통 입구를 촛농으로 막는 게 전부였습니다. 그러나 이런 방식은 공기의 접촉을 막는 데 한계가 있어서 오랜 시간 높은 온도에 노출된 와인이 변질되기 일쑤였습니다.

"어떻게 하면 와인을 상하지 않고 영국까지 가져갈 수 있을까." 잉글랜드인들은 고민에 고민을 거듭했습니다. 마침내 잉글랜드인들은 포도를 압착해 와인을 발효시키는 도중에 알코올 도수 77도짜리 브랜디를 쏟아부어 독한 와인을 만들게 됩니다. 브랜디가 일종의 방부제 역할을 하도록 한 것이죠.

포트 와인은 이렇게 탄생했습니다. 일반적인 와인과는 맛도 향도 알코올 도수도 다르지만 어쨌든 잉글랜드인들의 집

포트 와인을 싣고 도루 강변을 오가는 배

념이 탄생시킨 와인입니다. 이렇게 만들어진 알코올 도수 20도 안팎의 와인을 '주정 강화 와인'이라고 합니다. 이후 스페인에서도 '셰리'라고 불리는 주정 강화 와인이 만들어집니다.

포트 와인은 일반 와인과는 완전히 다른 색깔과 맛을 냅니다. 일단 단맛이 아주 강합니다. 와인은 포도의 당분이 효모와 만나 알코올과 이산화탄소로 바뀌는 과정을 거쳐 만들어집니다. 그런데 당분이 알코올로 바뀌는 중간에 독한 브랜디가 들어오면 효모가 모두 죽어버립니다. 와인 속에 분해해야 할 당분이 아직 많이 남아 있는데 이 역할을 할 효모가 없어졌으니 와인이 단맛을 띠게 됩니다.

포르투갈 포트에서는 지금도 당시와 똑같이 도루강 상류에서 포도를 재배해 와인을 만들고 이를 포트항 근처로 가져와 브랜디를 넣어 숙성시킵니다.

포트 와인은 건포도나 자두 같은 과일을 말리거나 졸인 듯한 진한 향에 견과류, 캐러멜 같은 향이 나는 게 특징입니다. 포트 와인은 크게 루비Rubby 포트, 빈티지Vintage 포트, 토니Tawny 포트 등으로 나뉩니다.

루비 포트는 숙성기간을 짧게 가져가 신선한 과실 향을 많이 느낄 수 있는 달콤한 와인으로 가격도 저렴합니다.

빈티지 포트는 포도 작황이 좋은 해에만 한정적으로 생산하는 포트 와인으로 2년간 오크에 숙성한 뒤 병입해 병숙성을 즐기는 와인입니다. 알코올 도수가 높다 보니 병숙성 기간은 100년 이상도 가능합니다.

토니 포트는 커다란 오크통에서 장기간 숙성시켜 만드는 와인으로 10년, 20년, 30년, 40년 단위로 숙성시켜 출시합니다. 오크통은 공기가 미세하게 오가기 때문에 오랜 기간 숙성을 시키면 사

포트 와인 그라함의 오래된 빈티지 와인

실상 와인에서 산화가 일어납니다. 그래서 숙성기간이 길수록 맛이 아주 부드러워지고 향도 복잡해집니다.

영국과 프랑스의 대를 잇는 갈등은 포트 와인의 등장에 앞서 우리가 즐기는 향기로운 꼬냑의 탄생에도 큰 기여를 했습니다. 백년전쟁이 시작되기 전 잉글랜드가 프랑스 가스코뉴 지방을 소유하고 있을 때 얘기입니다.

보르도 지역을 흐르며 대서양과 연결되는 지롱드강 근처에서는 질 좋은 포도가 많이 나왔습니다. 보르도의 와인도 정말 좋았지만 보르도에서 불과 100㎞ 위쪽에 위치한 꼬냑 지방 지방도 보르도 못지않은 대규모 와인 산지였습니다.

그러나 잉글랜드인들 입장에

지롱드강 위쪽에 위치한 꼬냑 지방

서는 자신들의 영지에 속한 보르도 와인을 관세 한 푼 안내고 저렴한 가격에 먹을 수 있는데 굳이 관세까지 물어가며 품질이 떨어지는 꼬냑 지방의 와인을 먹을 이유가 없었습니다.

결국 꼬냑 지방 와인이 판로를 못 찾고 엄청난 재고로 남게 됐습니다. 와인이 계속 쌓이는데 보관할 방법은 없어 고민하던 농부들이 와인을 증류하기로 결정합니다. 그런데 증류한 와인의 맛이 기가 막혔습니다. 일반 와인의 맛과 향은 유지하면서 한결 부드럽고 복잡한 맛과 향으로 진화한 것입니다. 와인을 증류한 새로운 술, '꼬냑'이 이렇게 탄생했습니다.

꼬냑 지방에서 증류한 술이 인기를 얻자 보르도의 남동쪽 피레네

꼬냑 증류시설

산맥 인근에 위치한 아르마냑에서도 와인을 증류하기 시작하면서 증류주가 확산됩니다.

꼬냑과 아르마냑 모두 화이트 와인을 만드는 위니 블랑Ugny Blanc과 꼴롱바르Colombard 등의 품종을 이용해 만듭니다. 증류를 통해 알코올 도수 40% 이상의 독주로 탄생되지만 만드는 과정이 서로 다릅니다.

꼬냑은 증류하는 과정을 두 번 거치는데 첫 번째 증류 과정에서 27~30%, 두 번째 증류 과정에서 67~72%의 알코올 도수를 얻게 됩니다. 이렇게 두 번의 증류가 끝나면 오크통에서 숙성을 거치며 향을 추가하고 설탕을 태운 캐러멜로 색을 입히게 됩니다.

아르마냑은 증류를 한 번만 거칩니다. 연속적인 증류 방식을 통해 한 번에 알코올 도수 50~55%를 얻게 됩니다. 이후 블랙 오크통을 활용해 숙성을 빨리 진행시킵니다. 캐러멜 착색도 하지 않습니다. 그래서 아르마냑은 향이 더 진하고 독합니다. 반면 꼬냑은 아주 부드럽고 우아한 맛과 향을 보입니다.

전쟁은 아이러니하게도 이처럼 인류에게 새로운 문화와 기호품을 선물하기도 합니다.

전쟁의 눈물로 빚은 와인, 보졸레 누보

혀를 감싸는 부드러운 질감에 갓 짜낸 신선한 과실향……. 매년 11월 셋째 주 목요일 0시를 기해 전 세계 와인 애호가들의 목 젖을 적시는 '보졸레 누보Beaujolais Nouveau'는 프랑스 사람들이 와인으로 인정하지 않지만 어찌 보면 가장 프랑스 사람을 닮은 와인이라고 말합니다.

프랑스에서는 그해 수확한 포도로 와인을 만들어 숙성도 제대로 거치지 않은 채 두 달 만에 꺼내 마시는 것은 있을 수 없는 일입니다. 더구나 와인을 주스처럼 벌컥 벌컥 들이키기도 하고, 레드 와인인데도 화이트 와인처럼 차갑게 해서 마신다니…….

와인을 좀 아는 사람이라면 언뜻 이해가 가지 않겠지만 보졸레 지방에서 나는 보졸레 누보라면 이 모든 게 어색하지 않습니다. 이처

보졸레 지방의 한 와이너리 모습

럼 상식을 뒤집는 와인인 보졸레 누보에 대해 많은 프랑스 사람들은 "싸구려 와인"이라거나 심지어는 "와인이 아니라 주스"라고 폄훼하기도 합니다.

1945년 5월, 독일의 패색이 짙어지면서 2차 세계대전이 서서히 막을 내리기 시작합니다. 그해 가을 프랑스 동남부 보졸레 지방 주민들은 참혹한 전쟁의 포연 속에서 어렵사리 농사를 지은 포도로 정성껏 와인을 빚었습니다. 그리고 발효가 끝난 지 채 두 달도 지나지 않은 상태에서 와인을 꺼내 축제를 엽니다. 가족, 친구, 동네 사람들이 한자리에 모여 전쟁에서 살아남은 기쁨을 나누고 먼저 떠나간 사람들을 애도하는 자리였습니다. 장장 6년에 걸친 전쟁 통에 와인을 제대로 마시지 못한 프랑스 사람들의 눈에선 아마도 기쁨과 감격의 눈물이 흘렀을 것입니다. 그런 면에서 보면 보졸레 누보는 역설적이게도 와인 없이는 절대 못 사는 프랑스 사람을 가장 많이 닮은 와인이기도 합니다.

보졸레 누보는 보졸레 지역에서 나는 가메Gamay라는 품종으로 만들어집니다. 피노 누아Pinot Noir 와인처럼 맑은 적색에 캔디 같은 과실향이 특징인 와인입니다. 맛이나 향, 질감 등으로 볼 때 보졸레 누보는 색깔만 레드 와인이지 실제로는 화이트 와인에 더 가깝습니다. 샤르

보졸레 와인   보졸레 누보 와인을 만드는 가메 포도

도네Chardonnay는 물론이고 세미용Sémillon이 들어간 보르도 화이트 와인
보다도 가볍습니다. 그래서 레드 와인임에도 차갑게 마셔야 맛과 풍
미가 더 살아난다고 말합니다.

보졸레 누보는 타닌이 아닌 신선한 과실 향을 즐기는 와인입니다.
와인에 사용하는 가메 품종이 워낙 껍질이 얇아 그렇기도 하지만 양
조 방법이 일반 와인과는 다르기 때문입니다.

보졸레 누보는 와인을 담글 때 포도알을 으깨지 않고 포도를 줄기
까지 그냥 통째로 스틸 발효탱크에 넣습니다. 그런 다음 산소를 다
뽑아내고 탄산가스를 가득 채워 발효가 강제로 일어나게 만듭니다.
효모도 공기 중에 있는 자연 효모가 아니고 포도 세포 속에 있는 효
소로 발효를 진행합니다. 까르보닉 마세라시옹Carbonic Maceration이라 부
르는 양조법입니다.

이렇게 하면 불과 4~6주 만에 신맛은 어느 정도 다스려지고 체리
등 붉은 색 아로마가 풍부한 와인이 만들어집니다.

사실 보졸레 누보는 엄밀히 따지면 프랑스 와인 규정에 맞지 않는 와인입니다. 프랑스는 1937년 와인법을 통해 그해 생산된 와인은 12월 15일 이전에는 출시할 수 없도록 규제하고 있습니다. 그러나 프랑스 정부는 1951년 11월 13일부터 보졸레 와인의 출시를 허용하고 있습니다. 단, 보졸레 지방에서 생산되고 일정기준을 통과한 보졸레 누보에 대해서만 가능합니다.

전 세계적으로 유명한 보졸레 누보 축제가 이때부터 시작됐습니다. 이 지역 생산자들은 1951년 UIVB^{Union Interprofessionalle des Vinos Beaujolais}라는 연합을 만들고 첫 축제를 그해 11월 13일에 열었습니다. 이후 1970년 11월 15일로 바꿔 개최하면서 프랑스 전국 축제로 발돋움합니다. 이어 1985년에 프랑스 정부가 축제일을 11월 셋째 주 목요일로 고정시키면서 현재까지 이르고 있습니다. 우리나라는 1999년에 처음으로 수입된 것으로 알려졌습니다.

보졸레 누보에도 등급이 존재합니다. 보졸레^{Beaujolais}, 보졸레 빌라쥐^{Beaujolais-Villages}, 크뤼 뒤 보졸레^{Crus-du-Beaujolais} 등 3가지 등급입니다. 보졸레 빌라쥐는 38개 마을에서 만들어지는 상위 등급의 와인이고 크뤼 뒤 보졸레는 이보다 더 위 등급으로 10개 마

프랑스 부르고뉴 보졸레 마을의 한 축제 모습
출처_www.beaujolais.com

을에서 만들어지는 와인입니다.

그러나 일반적인 보졸레 누보는 현지 가격이 한 병에 7유로(1만 원) 안팎으로 매우 저렴합니다.

보졸레 누보는 그해 수확을 끝내고 와인을 만들어 추수감사절부터 크리스마스, 새해에 주로 마십니다. 가끔 부활절 때도 마시기는 하지만 출하된 지 1~2개월에 가장 많이 소비됩니다. 또 그때가 가장 맛있습니다. 와인의 수명은 6개월 정도이고 9개월만 지나도 맛이 확연히 달라집니다.

혹시 작년에 산 보졸레 누보가 아직 남아 있나요. 그렇다면 빨리 드시거나 아니면 친구나 가족들에게 선물해 점수를 따보세요.

유럽 '왕 중의 왕'
샤를마뉴 가문

'유럽의 아버지' '왕 중의 왕'으로 불리는 샤를마뉴^{Charlemagne}. 서기 800년 유럽을 통일하고 황제에 오른 샤를마뉴는 와인을 무척 좋아했던 사람입니다. 프랑스 곳곳에 자신의 포도원을 가지고 있었지만 특별히 부르고뉴 꼬르똥^{Corton} 언덕에서 난 레드 와인들을 좋아했다고 합니다.

샤를마뉴 초상화

샤를마뉴는 평생을 전쟁터에서 보내다가 나이가 많이 들어서야 궁중 생활을 즐길 수 있었습니다. 그러나 와인을 마실 때마다 하얗게 샌 수염이 붉게 물드는 경우가 많아 황후가 "붉은 수염은 너무 난폭해 보인다"며 화이트 와인만 먹게 했습니다. 그 이후 부르고뉴 꼬르똥 언덕의 레드 와인을 모두 갈아엎고 화이트 와인용 포도를 심도록 했다는 얘기가 전해집니다. 부르고뉴 꼬르똥 지역의 화이트 와인이 유명해지게 된 이유입니다. 그래서 오늘날 부르고뉴 최고의 화이트 와인에는 '꼬르똥 샤를마뉴 그랑크뤼^{Corton Charlemagne Grand Cru}'라는 이름이 붙어 있습니다.

샤를마뉴 가문은 로마제국 이후 처음으로 유럽을 통일하고 황제에 오른 가문입니다. 만약에 이들 가문이 없었다면 오늘날 유럽 와인은 명맥이 끊겼을 수도 있습니다. 이슬람의 가톨릭 침공 때문입니다. 서기 700년 초 무섭게 발흥한 이슬람 우마이야 왕조가 이베리아 반도를 점령한 후 피레네 산맥을 넘어 동진을 시작합니다. 732년 안달루시아 총독 압둘 라흐만^{Abdul Rahman}이 이끄는 이슬람군이 피레네를 넘어 프랑스 남서부 쪽으로 물밀듯이 밀어닥칩니다. 순식간에 프랑스 보르도 지방이 함락되고 아키텐 공국 전체가 이슬람 수중에 넘어갑니다.

절체절명의 위기에 처한 가톨릭 세계는 그해 10월 프랑크 왕국과 부르군트 공국이 연합군을 구성해 루아르 지역 투르-푸아티에^{Tours-Poitiers}에서 맞섭니다. 연합군을 이끈 사람은 프랑크 왕국의 궁재 카를 마르텔^{Charles Martel}입니다. 궁재는 지금의 총리 격으로 카를 마르텔은 이 전투에서 이슬람군을 격파하고 서유럽 가톨릭 세계를 위기에서 구하게 됩니다. 이 전투가 훗날 세계사를 결정지은 명장면 중 명장면이 됩니다. 카를 마르텔이 바로 샤를마뉴의 할아버지입니다.

랭스 대성당에 묻힌
샤를마뉴의 할아버지 카를 마르텔

PIPINVS III. BRAB. DVX, FRANCOR. REX.

피팽 3세

만일 카를 마르텔이 이 전투에서 패했다면 가톨릭 세계는 급속하게 이슬람화됐을 겁니다. 술을 금기시하는 이슬람으로 인해 프랑스 와인 산업도 완전히 사라졌을 것이라고 호사가들은 말합니다.

카를 마르텔의 둘째 아들이자 샤를마뉴의 아버지인 피팽 3세 Pipin III 도 세계사에 큰 획을 그었습니다. 키가 작고 못생겨서 '단구왕'으로도 불렸던 피팽 3세는 아버지의 후광으로 궁재에 올라 끝내 메로빙거 왕조를 무너뜨리고 카롤링거 왕조를 연 사람입니다.

야심이 크고 타고난 협상가였던 그는 로마 교황에게 카롤링거 왕조를 인정받기 위해 754년 로마로 진격해 롬바르드족을 몰아내고 이탈리아 중부지역 일부를 교황에게 바칩니다. 교황령이 생긴 것입니다. 지금의 바티칸입니다. 가톨릭 최고 권위와 함께 경제적 독립도 이루게 된 로마교황청이 이를 계기로 동로마제국의 간섭에서 벗어나 힘이 막강해지기 시작합니다. 이 같은 교황권의 강화는 향후 십자군전쟁으로 이어지는 단초가 됩니다.

피팽 3세의 아들 샤를마뉴는 유럽을 통일하고 814년까지 통치하

샤를마뉴가 로마에서 황제의 관을 수여받는 모습

며 그의 셋째 아들 루이에게 황제 자리를 물려줍니다. 첫째, 둘째 아들은 먼저 죽었습니다. 그러나 루이가 살아 있을 때도 서로 으르렁대며 권력을 탐하던 루이의 세 아들 로타르, 샤를, 루이는 아버지 루이가 죽자 유럽을 찢습니다. 세 아들이 나눠 가진 영토는 각각 이탈리아, 프랑스, 독일이 됩니다. 이후 서유럽은 1804년 나폴레옹이 등장하기 전까지 단 한 번도 통일되지 못합니다.

와인 마니아 나폴레옹, 와인으로 죽다

"샹베르탱 와인 한 잔을 보는 것 이상으로 미래를 장밋빛으로 만드는 것은 없다."

'샹베르탱' 하면 가장 먼저 떠오르는 사람이 있습니다. 프랑스의 영웅 나폴레옹 보나파르트Napoleon Bonaparte입니다. 프랑스 육군사관학교를 졸업한 후 불과 24살에 장군이 되고, 30살에 프랑스 정권을 장악한 후, 32살에 스스로 황제 자리에 오른 나폴레옹은 유명한 와인 마니아입니다. 포탄이 오가는 전쟁터 막사에서도 지브리 샹베르탱 Gevery Chambertin 와인을 즐기며 작전을 구상했다고 전해집니다.

샹베르탱 와인은 프랑스 부르고뉴 꼬뜨 드 뉘Cotes de Nuits 지역의 지브리 샹베르탱 마을에서 만드는 피노 누아 와인입니다. 강력한 산도와 타닌이 특징으로 부르고뉴에서 가장 남성적인 와인으로 손꼽힙니다.

지브리 샹베르탱 마을에는 9개의 그랑크뤼 밭이 있습니다. 그중 나폴레옹이 좋아했던 와인은 샹베르탱 끌로 드 베제Chambertin Clos de Beze라는 밭에서 나는 와인이었습니다. 샹베르탱 끌로 드 베제는 샹베르탱Chambertin과 더불어 9개의 그랑크뤼 밭 중 최고 품질로 인정받고 있습니다.

나폴레옹 보나파르트

지브리 샹베르탱 와인을 볼 때면 뿌연 포연이 자욱한 전장의 막사에서 향기로운 루비빛 샹베르탱 와인 잔에 코를 박고 세계 정복의 장밋빛 미래를 그리는 나폴레옹의 미소 띤 얼굴이 연상됩니다. 사실 지브리 샹베르탱 와인을 잔에 따라놓으면 잔에 코를 가까이 하지 않아도 아름다운 꽃향기부터 젖은 낙엽 향, 싱그러운 풀 향 등 온갖 향기가 주변을 휘감습니다.

입에 넣어보면 우아한 신맛과 함께 "피노 누아 와인이 맞나"싶을 정도로 강한 타닌이 혀에 내려앉습니다. 미디엄 라

샹베르탱 끌로 드 베제 와인이 나는 포도밭

이트 바디임에도 지브리 샹베르탱이 남성적인 와인으로 느껴지는 이유가 여기에 있습니다.

그런데 나폴레옹은 자신이 그렇게 좋아하는 와인으로 죽음을 맞이할 것이라는 것을 알고 있었을까요.

나폴레옹은 정말 파란만장한 삶을 살았습니다. 당시 프랑스령인 지중해의 작은 섬 꼬르스Corse, 이탈리아 명 코르시카Corsica에서 변호사이던 아버지의 8명 형제 중 둘째로 태어납니다. 어릴 적부터 수학과 지리, 역사 등의 과목에서 탁월한 재능을 보였다고 합니다. 불과 16살에 프랑스 육군사관학교를 졸업하고 포병 장교가 된 그는 주변국과의 연이은 전쟁에서 뛰어난 작전능력으로 승리를 거듭하며 일약 프랑스의 영웅으로 떠오릅니다. 이후 유럽 국가 대부분을 정복하며 불과 32살에 황제에 오릅니다. 샤를마뉴 이후 800년 만에 처음입니다.

그러나 그의 앞날은 장밋빛만이 아니었습니다. 황제에 오른 후 대륙봉쇄령을 어긴 러시아를 단죄하기 위해 45만 명의 병력을 이끌고 떠난 러시아 원정은 나폴레옹의 운명을 송두리째 바꿔놨습니다. 러시아 국토를 거의 무혈 입성하듯 정복해 들어갔지만 러시아는 워낙 넓은 땅을 가지고 있어 결국 후방 보급

러시아에서 철군하고 있는 나폴레옹과 그의 군대

뱅 드 콘스탄스 와인

로 차단으로 큰 고난을 겪다 물러나고 맙니다.

러시아 원정 실패는 다른 유럽 국가들의 반기로 이어져 나폴레옹은 위기에 몰리고 맙니다. 더구나 영국군과의 워털루 전투에서 예상을 뒤엎고 패하면서 나폴레옹의 모진 시련이 시작됩니다.

나폴레옹은 영국군에 의해 대서양 오지인 세인트헬레나섬에 유폐됩니다. 아내조차 찾아오지 않는 그 섬에서 그의 유일한 낙은 와인을 마시는 것이었습니다. 물론 지브리 샹베르탱 와인은 아니었습니다. 영국 정부에 프랑스 와인을 공급해줄 것을 요구했지만 번번이 기절당했습니다. 그나마 나폴레옹의 와인관리인이던 몽톨롱 백작이 프랑스 와인 대신 가져오는 남아프리카 와인 뱅 드 콘스탄스Vin de Constance를 마셨습니다. 이 와인은 프랑스 와인과 비슷한 맛이 났다고 합니다.

"내 유골을 센 강변에 묻어 내가 그토록 사랑한 프랑스 국민 속에 있게 해달라. 나는 영국과 그에 고용된 암살자들 때문에 내 명을 다 못 살고 가노라."

유배지에서도 절도 있는 생활과 규칙적인 습관을 유지했던 그가 유폐 6년 만인 1821년 52살로 숨을 거두게 됩니다. 공식적인 사인은 위암이었지만 일각에서는 비소 중독이었다는 설이 유력하게 제기되고 있습니다. 와인을 주기적으로 가져다주던 몽톨롱 백작이 와인

1815년 6월 18일 오늘날의 벨기에 워털루 인근에서 벌어진 전투. 나폴레옹 보나파르트가 이끄는 프랑스 북부군은 제7차 대 프랑스 동맹의 주요 2개국 군대에게 패배를 당했다.

에 비소를 섞어 서서히 암살을 했다는 것인데요, 몽톨롱은 그의 부인 아르빈과 결혼하려고 할 때 나폴레옹이 극심한 반대를 했고 그가 결혼을 강행하자 그를 해임시켰다고 합니다. 이 때문에 원한을 가진 몽톨롱이 나폴레옹에게 일부러 접근해 그가 마시는 와인에 수년간

나폴레옹의 영원한 사랑
조제핀 드 보아르네

비소를 섞어 죽음에 이르게 했다는 것입니다.

그러나 나폴레옹이 죽으면서 마지막 남긴 말은 "프랑스, 군대, 조제핀" 단 세 마디였다고 합니다. 조제핀 드 보아르네Josephine de Beauharnais는 나폴레옹의 첫 번째 부인으로 그의 첫 사랑이자, 마지막 사랑이었습니다.

조제핀은 결혼 전부터 강렬한 개성

으로 프랑스 사교계를 주름잡던 스타였습니다. 그러나 나폴레옹과 결혼해 아이를 낳지 못해 그의 가문에 의해 쫓겨났습니다. 나폴레옹은 이후 오스트리아 왕녀를 비롯해 많은 여자들을 만났지만 죽을 때까지 그리워한 여인은 바로 조제핀이었습니다.

나폴레옹이 조제핀에게 썼던 편지 내용에는 "내 사랑, 조제핀. 오늘은 씻지 말고 나를 기다려주오"라는 문구가 많이 나온다고 합니다. 나폴레옹은 조제핀에게서 늘 그가 좋아하는 샹베르탱 와인의 냄새를 느꼈다고 합니다.

조제핀은 나폴레옹이 1814년 엘바섬에서 첫 번째 유배생활을 할 때 먼저 세상을 뜹니다. 나폴레옹은 조제핀이 죽었다는 소식을 접하고 "단 하루도 그대를 사랑하지 않은 날이 없소. 단 하룻밤도 그대를 내 팔에 끌어안지 않은 적이 없소. 어떤 여인도 그대만큼 큰 헌신과 열정, 자상함으로 사랑하지 않았소"라며 엄청나게 비통해했다고 합니다.

나폴레옹과 샹베르탱 그리고 조제핀……. 어떤가요. 공통점이 보이나요. 오늘 정말 사랑하는 사람과 함께 샹베르탱 와인 한번 열어보면 어떨까요.

파리 엥발리드 박물관에 있는 나폴레옹의 무덤

제노바가 헐값에 판 꼬르스섬,
유럽의 역사를 바꾸다

　지중해의 섬 꼬르스(이탈리아 명 코르시카)는 이탈리아 도시국가 제노바의 영토였습니다. 그러나 코르시카 주민들의 독립운동이 계속 이어지자 이를 제압하기 힘들어진 제노바가 1768년 3월 프랑스에 헐값에 팔아버리면서 유럽 역사의 물줄기가 바뀌게 됩니다. 그 다음 해인 1769년 8월 15일 이곳에서 나폴레옹 보나파르트가 태어났기 때문입니다.

　이로 인해 나폴레옹은 프랑스 국적을 갖게 됩니다. 만일 제노바가 코르시카를 프랑스에 넘기지 않았다면 유럽 역사, 더 나아가 세계 역사의 물줄기가 완전히 바뀌어 있을지도 모릅니다.

　나폴레옹이 없었다면 프랑스가 영국과 치른 마지막 전투인 워털루 전투가 없었을 것이고 아마도 세계 금융시장을 독점하고 있는 로스

꼬르스섬

차일드 가문도 이토록 번성하지 않았을 겁니다. 독일의 골동품 수집상이던 로스차일드 가문의 셋째 아들 네이션 로스차일드가 이 전투의 승패 정보를 교묘하게 활용해 영국 국채시장을 접수하고 더 나아가 세계 금융시장까지 장악하게 됐다는 다소 소설 같은 이야기가 쑹홍빙의 『화폐전쟁』에도 잘 묘사되고 있습니다.

또 나폴레옹이 없었다면 독일이라는 나라는 탄생하지 않았을지도 모릅니다. 그랬다면 100년 뒤에 인류를 참혹한 전쟁의 광기로 몰고 간 두 차례의 세계대전이 발발하지 않았거나 전쟁이 일어났다고 하더라도 전쟁의 양상이 다르게 흘러갔을 수도 있습니다. 나폴레옹은 1803년 신성로마제국을 해체시키고 이 과정에서 수많은 크고 작은 공국을 무너뜨려 독일이 탄생하는 데 결정적인 역할을 하게 됩니다. 이로 인해 나중에 프로이센 공화국은 1866년 프로이센-오스트리아 전쟁, 1870년 보불전쟁 등에서 승리하면서 1871년 마침내 통일국가 독일공화국을 이뤄내게 됩니다.

또 나폴레옹의 러시아 침공 실패는 러시아의 급격한 팽창을 부르고 결국 제1차 세계대전 이후 독일 히틀러의 등장과 이로 인한 러시아 침공으로 이어집니다. 결국 이는 소련이라는 공산주의 국가를 탄생시키고 나중에 미국과 소련을 중심으로 한 냉전시대를 불러오게 됩니다.

아군과 적군이 따로 없는
와인 전쟁

　　제2차 세계대전이 막바지로 치닫던 1945년 5월 4일. 오스
트리아 국경 인근에서 프랑스 제2기갑사단과 미국의 제101공수사단
이 탱크를 앞세우고 베르그호프Berghof를 향해 전속력으로 돌진하기
시작합니다. 베르그호프는 오버잘츠베르크에 있는 히틀러의 별장으
로 독일 권력의 중심이었습니다.

　히틀러는 며칠 전 러시아 침공이 실패하자 베를린 벙커에서 자살
을 한 상태였고 그의 주요 간부들도 이미 도주해버려 도시는 텅 빈
상태였습니다. 그럼에도 두 나라 기갑사단이 마치 경주를 벌이듯 베
르그호프 점령에 나선 것은 그곳에 독일군이 프랑스에서 수탈해간
최고급 와인 수십만 병과 귀한 예술품이 새 주인을 기다리고 있기
때문이었습니다.

"당신 이름으로 벌어질 뻔한 또 다른 범죄 사건을 (우리가) 미리 막은 것뿐이오." 프랑스의 제2기갑사단장 필립 르클레르^{Philippe Leclerc}가 담배를 꺼내 불을 붙이며 낮은 음성으로 말했습니다.

히틀러가 베르그호프에서 머물며 그의 여자친구 에바 브라운과 애완견을 데리고 거닐다 찍은 사진

미국 제101공수사단장은 잔뜩 화가 난 목소리로 "당신들은 우리의 지휘하에 있었고 아직도 우리의 지휘하에 있다"며 미국의 허락 없이 프랑스가 베르그호프에 먼저 도착해 독일이 수탈한 최고급 와인 2만 병을 모두 빼돌린 것에 대해 강력 항의했습니다.

포탄이 빗발치는 전쟁에서는 하나의 목표를 가진 아군이었지만, 최고가 와인을 앞에 두고는 서로가 경쟁자일 뿐이었습니다.

며칠 후 미군과 프랑스군은 또 다시 와인을 놓고 총성 없는 전쟁을 벌입니다. 이번에는 오스트리아 인근에 있는 해발 1,800m의 칼슈타인산 가파른 절벽 꼭대기에 위치한 히틀러의 은신처 '독수리 요새^{Eagle nest}'였습니다. 이곳에는 히틀러가 프랑스에서 가져온 최고급 와인 50만 병이 있었습니다. 그러나 이 와인도 결국 프랑스가 모두 차지하게 됩니다.

10여 년 전 미국인 배우 톰 행크스와 스필버그 감독이 제작해 우

산 정상에 있는 히틀러의 은신처
독수리 요새의 전경

미국 전쟁드라마 〈밴드 오브 브라더스〉에서
미군 장교가 넋을 잃고 와인을 쳐다보는 장면

리나라에도 방영됐던 미국 전쟁드라마 〈밴드 오브 브라더스〉에서는
히틀러의 최측근인 헤르만 괴링 원수의 집 지하창고에서 최고급 와
인 1만 5,000병을 발견하는 모습을 생생하게 그리고 있습니다. 화면
으로 봐도 드넓은 지하실 벽면을 빈틈없이 꽉 채운 프랑스 명품 와
인에 넋을 잃은 한 장교가 "정말 기쁜 날이군"이라 말하며 와인을 꺼
내드는 모습은 명장면 중 하나입니다. 1만 5,000병의 와인이 그 정도
규모인데 히틀러의 독수리 요새 지하 동굴에는 지금 기준으로 한 병
에 수백만 원을 호가하는 보르도와 부르고뉴 등지에서 가져온 명품
와인 50만 병이 꽉 차 있었다고 합니다.

샤를 드골

프랑스가 미군과의 전승 경쟁에서 연이
은 성과를 거둔 것은 당시 프랑스의 전쟁
영웅 샤를 드골Charles de Gaulle을 비롯한 프랑
스 사람들의 지극한 와인 사랑 때문이었습
니다. 샤를 드골은 독일의 패색이 짙어지
자 곳곳에 숨겨놓은 프랑스 고급 와인을

찾아오기 위한 특수부대를 구성했습니다. 그 특수부대는 베르그호프에 잠입해 와인을 숨겨놓은 곳을 찾아내고 히틀러의 독수리 요새에서도 프랑스군이 미군에 앞서 히틀러의 와인 약 50만 병을 회수하는 데 결정적 역할을 합니다.

1939년 시작된 제2차 세계대전은 제국주의와 자유주의 수호의 이념이 충돌한 전쟁이었지만 그 이면에 프랑스 명품 와인이 있던 적도 많았습니다. 때로는 적군도 아군도 없었습니다. 프랑스는 그들의 나라는 빼앗겼지만 그들의 자존심인 와인을 잃지 않기 위해 눈물겨운 투쟁을 계속했습니다.

1939년 9월 1일 오스트리아를 병합한 독일의 히틀러가 마침내 폴란드 국경을 넘었습니다. 제2차 세계대전이 시작된 것이죠. 전쟁이 코앞에 닥친 프랑스는 군인들까지 동원해 서둘러 포도 수확을 마칩니다. 해가 바뀌자 독일의 기갑부대가 프랑스 국경을 넘어 파리로 들어와 곧바로 와인 수탈을 시작합니다.

그러나 프랑스의 와인생산자들은 이를 예상해 지하 깊숙한 와인 저장고나 자신들의 저택에 또 다른 벽을 쌓아 그들의 소중한 와인을 숨겨놨습니다. 하지만 독일군은 독일의 와인수입상들로 구성된 '와인 총통' 조직까지 만들어 본격적인 약탈에 나섭니다.

파리의 센강 근처에서 1582년 문을 열어 무려 420여 년의 역사를 자랑하는 고급 레스토랑 '라 뚜르 다르장La Tour d'Argent'의 와인 지키기 일화는 유명합니다. 이 레스토랑은 지하에 보관돼 있던 명품 와인을 빼앗기지 않기 위해 저장고 한켠에 몰래 벽을 쌓아 밀봉한 뒤 특급 와인 2만 병만 숨기고 나머지 8만 병은 노출되게 만들어 가까스로 고급 와인들을 지킬 수 있었다고 합니다. 이 레스토랑은 음식도 맛있지만 보유한 와인들이 워낙 많아 그 당시에도 유명한 곳이었습니다. 독일군 고위 장교들이 수시로 찾아와 최고급 와인만 찾았는데, 와인에 대한 지식이 전혀 없어 가장 싼 와인을 줘도 좋은 와인이라고 감탄하면서 마셨다고 합니다. 당시 라 뚜르 다르장을 운영했던 테라이라는 사장은 이곳을 찾는 독일군 장교들의 대화를 듣고 연합군에게 중요한 정보를 수시로 전달해 연합군의 승리에 많은 역할을 했습니다.

라 뚜르 다르장은 지난 2009년 12월 7일에 또 한 번 큰 뉴스로 등장합니다. 라 뚜르 다르장이 수백 년간 모아 보유하고 있던 와인

라 뚜르 다르장의 지하 까브 모습
출처_라 뚜르 다르장 홈페이지

45만 병 중에 1만 8,000여 병을 일반인에게 경매로 부친 겁니다. 사상 처음 있는 일이었는데 이틀간 진행된 경매에서 1788년산 꼬냑인 끌로 뒤 그리피에Clos du Griffier 3병이 무려 1억 원에 팔리기도 했습니다. 이 술은 프랑스 혁명이 일어나기 한 해 전에 수확한 포도로 만들어 프랑스 혁명과 나폴레옹 시대를 거치면서 숙성된 꼬냑이었습니다.

프랑스 파리 센 강변에 위치한 라 뚜르 다르장
출처_라 뚜르 다르장 홈페이지

전쟁의 선봉에 선 그대, 맘껏 취하라

　　인류에게 가장 어리석고 잔혹한 행위가 '전쟁'입니다. 한 순간에 삶과 죽음을 가르는 일이 벌어지는 전쟁터는 예나 지금이나 사람들에게 공포 그 자체였습니다. 눈앞에서 동료가 피를 뿌리며 쓰러지고, 심지어는 말로 형언할 수 없는 모습으로 죽어가기도 합니다. 죽는 사람도 공포에 덜덜 떨며 죽어가지만 그 옆에서 지켜보는 사람은 더욱 큰 공포를 느낍니다.

　전쟁은 TV 속에서 보는 그런 모습이 아닙니다. 실제 총소리를 옆에서 들어보면 어마어마한 굉음에 놀랍니다. 그 소리 이후에도 귓전에서는 계속 쇳소리가 납니다. 총소리가 이 정도일진대 대포 소리는 더 말할 필요가 없습니다. 엄청난 소리와 진동에 의해 고막이 마비됩니다.

예전부터 전장에는 늘 술이 있었습니다. 제1차 세계대전 당시 프랑스 병사 한 명에게는 하루 2ℓ 이상의 와인이 주어졌다고 합니다. 화약과 피비린내가 진동하는 참호 속에서 극한의 공포를 이겨내고 전쟁을 수행하려면 맨 정신으로는 힘들었기 때문입니다. 죽음의 공포를 술로 이기고자 했던 것이죠.

2018년 개봉한 전쟁영화 〈저니스 엔드Journey's End〉는 제1차 세계대전이 막바지에 접어들던 1918년 당시 프랑스의 최전선에서 전쟁을 마주한 병사들의 공포 심리를 너무도 사실적으로 그려내 화제를 모았습니다.

두 개의 부대 중 한 부대가 6일씩 참호를 지키고 다른 부대와 교대를 하는 방식으로 운영되는 전장에서 임무를 마치고 진지를 빠져나가는 병사들의 얼굴에서는 "이제 당분간 죽을 염려는 없다"는 안도감이, 새로 투입돼 진지로 향하는 새로운 부대원들의 얼굴에서는 죽음을 마주하는 공포가 그대로 묻어납니다.

적이 언제 공격을 시작할지 모르는 공포 속에서 부대원들은 모두가 비정상적인 모습으로 비춰지며 때로는 이상한 행동까지 보입니다. 부중대장은 늘 위스키를 마시며 불안감에 어쩔 줄 몰라 하고 중대장은 극에 달한 공포심에 환영을 보기도

〈저니스 엔드〉의 한 장면
출처_스틸 컷

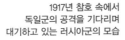
1917년 참호 속에서 독일군의 공격을 기다리며 대기하고 있는 러시아군의 모습

1916년 베르됭 전투에 참여한 프랑스 87연대 모습

합니다. 죽음의 공포와 마주한 이들을 달래주는 유일한 것이 바로 술입니다.

제1차 세계대전 당시 진지 하나를 놓고 독일군과 프랑스군이 수십 차례 뺏고 빼앗으며 5만여 명의 사상자를 냈던 프랑스 상파뉴 Champagne의 한 참호 유적지에서는 지금도 주변 땅을 파면 유골과 함께 당시의 와인병이 출토된다고 합니다. 삶과 죽음이 한데 어우러져 있는 참호 속에서 극한의 공포를 이기기 위해 마시던 술병은 어찌 보면 총탄에 부스러진 유골보다 전쟁의 참상을 더욱 생생하게 전달하기도 합니다.

술은 고대부터 전사의 필수품이었습니다. 전장에서 상대방을 단번에 제압할 수 있는 무기 못지않게 수없이 마주하게 될 죽음의 공포를 이기게 해주는 또 다른 무기였습니다.

서기 9년 벌어진 로마군과 게르마니아군의 토이토부르크숲 전투를 그린 오도 알버트 코치의 그림

중세시대 유럽의 전사들은 늘 맥주에 취해 있었다고 합니다. 프랑크족, 색슨족 같은 게르만 전사들은 맨 앞에 가장 용맹한 전사 한 명이 서고, 그 뒤에 2명, 3명이 나란히 늘어서는 삼각대형을 즐겨 짰는데 맨 앞에 서는 병사는 늘 만취한 상태였습니다. 맨 앞에 서는 전사가 적 앞에서 겁을 먹고 달아나거나 움츠러들면 안 되기 때문에 이 병사에게는 코가 삐뚤어지도록 술을 먹였다고 합니다. 진짜인지 모르지만 그중에는 술에 너무 취해서 적 앞에서 칼이나 도끼조차 휘두르지 못하고 그냥 쓰러지는 경우도 많았다고 합니다.

고대 로마시대에도 와인은 로마 정복전쟁에서 중요한 역할을 했습니다. 당시 로마 군인에게는 하루 1ℓ 정도의 와인이 공급됐는데 전쟁을 앞둔 전날에는 이보다 많은 2ℓ 또는 3ℓ 정도를 줬다고 합니다. 대열을 짠 채 적을 향해 천천히 진군한 후 글라디우스를 휘두르던 로마군 백인부대의 용맹함 이면에는 술도 한몫했을 수 있다는 것이죠.

요즘 시대에도 술은 공포를 없애는 데 큰 역할을 하기도 합니다.

그 대표적인 게 사랑 고백이죠. '나를 어떻게 생각할까?' '괜히 고백했다가 창피만 당하면 어떻게 하지?' 사랑하는 사람 앞에 서는 것은 어쩌면 전쟁에 나서는 병사보다 심장이 더 요동칠 수도 있는 일이죠. 이 때문에 약간의 술기운을 빌면 사랑 고백이 쉬워지기도 합니다.

혹시 사랑하고 있나요. 그렇다면 와인을 곁들인 자리에서 사랑하는 그 사람에게 당신의 심장소리를 전하면 어떨까요.

교황의 굴욕이 탄생시킨
프랑스 론 와인

"여기가 내 머리고, 여기가 내 목이다."

1303년 9월 7일 새벽, 이탈리아 남동부 라치오 주의 휴양도시 아나니Anagni에 한 무리의 프랑스 군대가 안개처럼 소리 없이 들이닥쳤습니다. 휴양차 고향을 찾은 교황 보니파시오 8세Bonifacius Ⅷ는 갑자기 마주한 프랑스 필리프 4세Philippe Ⅳ의 충복 기욤 드 노가레Guillaume de Nogaret에게 꼿꼿이 선 채 호통을 쳤습니다. 교황직에서 내려올 것을 요구하자 차라리 죽음을 택하겠다고 소리친 것이었습니다. 순간 프랑스 군인 한 명이 교황의 뺨을 후려갈깁니다. 73세의 노구인 교황 보니파시오 8세가 그 자리에 푹 쓰러집니다.

교회사에 박식한 사람들이라면 잘 아는 전대미문의 사건 아비뇽 유수기Avignonese Captivity가 시작되는 장면입니다. 이 일이 있기 얼마 전

프랑스 왕 필리프 4세가 프랑스 내 성직자들에게 세금을 부과하자 교황 보니파시오 8세가 프랑스 왕이 교회 권력에 도발한다고 반발하며 필리프 4세에 대해 파문을 내리려고 합니다. 그러자 프랑스 왕이 교황을 납치해 강제로 하야시키려던 것이었습니다.

보니파시오 8세는 프랑스 군대에게 3일간 감금당한 끝에 갖은 모욕을 당하고 풀려났지만 로마로 돌아온 후

교황 보니파시오 8세가
아나니에 들이닥친 프랑스 군대에 의해
모욕을 당하는 모습

화병을 앓다 한 달 만에 선종합니다. 보니파시오 8세를 이어 도미니크 수도회 원장이던 베네딕토 11세^{Benedictus XI}가 교황에 오르지만 채 1년도 안 된 1304년 7월 무화과를 먹다가 갑자기 사망하는 의문의

교황 클레멘스 5세

사건이 발생합니다. 베네딕토 11세는 납치됐던 보니파시오 교황을 구해냈던 추기경입니다.

이어 1305년 프랑스 출신의 클레멘스 5세^{Clemens V}가 교황에 오릅니다. 프랑스 왕 필리프 4세에 의해 교황이 된 그는 1309년 갑자기 로마에 있는 교황청을 프랑스 남부의 아비뇽으로 옮김

니다. 이때부터 1377년까지 무려 7명의 교황이 68년 동안 교황이 아비뇽에 머물던 아비뇽 유수기가 시작된 것이죠.

아비뇽은 프랑스 남쪽의 도시 아를Arles에서 북쪽으로 40km 위쪽에 있는 인구 9만여 명의 작은 도시입니다. 하지만 1300년대 당시에는 교황이 거주하던 세상의 중심이었습니다.

교황청이 옮겨오면서 이 작은 마을이 엄청난 활기를 띠게 됩니다. 교황을 알현하기 위해 유럽 각지에서 사람들이 몰려들고 도시의 규모가 커지기 시작합니다. 또 교황청 주변에는 미사에 사용할 와인을 공급하기 위해 포도원 개간이 대규모로 이뤄집니다.

사실 햇살과 토양이 좋은 아비뇽 인근의 남부 론Rhone 지역은 그르

아비뇽 교황궁과 아비뇽 시내의 모습

나슈Grenache와 시라Syrah 포도 품종이 잘 자라는 천혜의 산지였습니다. 그르나슈와 시라 모두 강한 햇살을 좋아하는 품종이어서 따가운 햇살이 계속 내리쬐는 지중해성 기후와 자갈로 이뤄진 토양이 생육에 아주 잘 맞았습니다.

둥근 조약돌로 이뤄진 토양이 특징인
샤또뇌프 드 파프 포도밭

프랑스 중부에 위치한 보르도의 경우 연간 일조시간이 2,050시간에 불과하지만 남부 론의 일조시간은 무려 2,750시간에 달했습니다. 이 중 '교황의 새로운 성'이란 뜻을 가진 샤또뇌프 드 파프Chateauneuf-du-Pape 지역에서 가장 좋은 와인이 났습니다.

당연히 교황이 직접 사 들인 땅이니 그 당시 포도 재배에 가장 좋은 곳을 골랐을 것입니다. 무려 3,238㏊에 달하는 샤또뇌프 드 파프의 포도밭 토양은 하나같이 둥근 조약돌로 이뤄졌습니다. 여기서 어떻게 작물이 자랄 수 있을까 싶지만 이 조약돌은 낮 동안 햇볕을 흡수해 기온이 내려가는 밤에도 포도밭에 지속적으로 열기를 보내줘 포도의 당도를 높여줍니다. 그르나슈와 시라를 기반으로 무르베드르Mourvedre, 까리냥Carignan 등 13종의 포도 품종을 섞어 만드는 남부 론 지역 와인은 당시에도 보르도 못지않은 블렌딩의 미학을 보여줬습니다. 13가지 품종은 예수와 12명의 제자를 떠오르게 합니다.

샤또뉘프 드 파프에서 나는 와인은 와인병에 초대 교황 베드로Petros의 상징인 천국의 열쇠 문양이 찍혀 있습니다. 이 때문에 교회 신자들이 좋아하는 와인이기도 합니다.

샤또 파프 클레망 와인

교황청을 아비뇽으로 옮겼던 클레멘스 5세가 교황이 되기 전에 보르도 뻬삭 레오낭Pessac-Leognan 지방에서 소유하고 있던 샤또 파프 클레망Chateau Pape Clement 와인은 지금도 엄청나게 비싸게 팔리고 있습니다.

1377년 교황 그레고리오 11세가 68년간의 오랜 아비뇽 생활을 마무리하고 로마로 돌아옵니다. 그러나 실제로는 그레고리오 11세도, 그곳에서 거주하던 추기경들도 로마로 돌아가고 싶은 마음이 손톱만큼도 없었습니다. 그러나 프랑스가 잉글랜드와 백년전쟁에서 계속 밀리며 힘이 빠지고 있던 상황이고 인근 프랑크 왕국마저 아비뇽에 있는 교황청을 다시 로마로 옮길 것을 요구하자 어쩔 수 없이 압력에 굴복한 것이죠. 그레고리오 11세는 로마로 돌아오자마자 이듬해에 죽습니다. 교황청이 다시 대혼란에 빠집니다.

이탈리아 출신 우르바노 6세Urbanus VI가 새로운 교황에 올랐지만 아비뇽 유수기 주축 세력으로 등장한 프랑스 출신 추기경들은 아비뇽에서 즐기던 사치스런 생활을 그리워합니다. 이들은 결국 콘클라베 무효를 선언하고 그 이듬해 재선거를 실시해 프랑스 출신 클레멘스

7세$^{Clemens\ VII}$를 대립 교황으로 선출합니다. 교회의 대분열 시대가 시작된 것이죠.

아비뇽 유수기는 교황들이 성직 임명권을 남용하고 면죄부 판매에 열을 올리면서 물질적으로, 또 성적으로도 가장 부패한 시대 중 하나로 기록되고 있습니다. 이들 추기경들은 이때로 다시 돌아가고자 했던 것이죠.

당시 사람들은 인류 역사상 가장 비참한 시기를 살았습니다. 1337년 영국과 프랑스의 백년전쟁이 시작되면서 끝없는 전쟁의 소용돌이에 시달렸고, 이 와중에 1346년 발병한 흑사병으로 2년 뒤 유럽 인구의 3분의 1이 원인도 모른 채 까맣게 죽어나갔습니다. 여명이 오기 전에 가장 어두운 것처럼 어쩌면 이런 짙은 암흑기가 있었기 때문에 인류 문화의 새로운 꽃이 피기 시작한 1400년대 르네상스 시대가 왔는지도 모릅니다.

해적 출신 교황과 메디치 가문,
그리고 르네상스

가톨릭 세계에서 하느님과 인간을 이어주는 가장 성스러운 존재가 바로 교황입니다. 가톨릭교회의 수장으로 늘 만인에게 추앙받지만 가장 낮은 곳을 보며 제일 먼저 그곳으로 임하는 그리스도의 대리인입니다. 그런데 중세시대 해적 출신으로 교황이 된 인물이 있습니다. 1410년에 교황에 오른 요한 23세Joannes XXIII입니다.

1402년 피렌체 공국에서 조반니 디 메디치Giovanni di Medici라는 사람이 운영하는 작은 은행에 나폴리 귀족 출신이라는 한 사람이 찾아와 대출을 신청합니다. 발다사레 코사라고 이름을 밝힌 그는 해외무역업

교황 요한 23세

으로 돈을 벌었다고 했는데, 주변에서는 그가 해적질로 돈을 많이 번 것을 알고 있었습니다. 그는 이미 그 돈으로 볼로냐 대학에서 법학박사 학위를 사들인 상태였습니다. 이날 은행을 찾은 이유도 추기경직을 사들이기 위한 돈이 필요해서였습니다. 당시 로마교황청에서 성직 매매는 너무도 흔한 일이었습니다.

결국 이 가짜 박사는 조반니로부터 돈을 빌려 추기경 자리에 오릅니다. 조반니는 돈을 빌려준 것도 모자라 그 이후로도 8년이 넘게 코사 추기경을 지원합니다. 그러던 중 1410년 놀라운 일이 벌어집니다. 아비뇽 유수기에서 촉발된 '대립교황 시기'의 혼란 속에서 코사 추기경이 교황으로 선출된 것입니다. 이 작은 은행은 곧 로마교황청의 막대한 자금을 관리하는 주거래은행이 됩니다. 그러나 1415년 서방교회의 대분열이 끝나고 새로운 통합 교황으로 마르티노 5세^{Martinus V}가 선출되면서 요한 23세는 폐위됩니다. 이와 함께 엄청난 규모의 벌금까지 부과 받습니다. 그런데 조반니가 명예도 돈도 아무것도 없는 요한 23세의 벌금을 대신 내주고 생활비까지 대주며 정말 살뜰히 챙깁니다. 또 요한 23세가 죽자 조반니 가문이 후원하는 당대 최고의 조각가 도나텔로^{Donatello}를 시켜 무덤까지 만듭니다. 피렌체 대성당의 세례당에 들어가면 이 사연 많은 교황 요한 23세의 무덤이 있습니다. 이후 이 은행은 피렌체에서 "한번 맺으면 끝까지 간다"는 신용의 상징이 됩니다. 메디치^{Medici} 가문의 영광이 여기서 시작됐습니다.

메디치 가문은 금융업으로 큰돈을 벌어 1435년에는 피렌체의 통치자 자리에까지 오릅니다. 이후 16세기에는 메디치 가문에서 교황을 세 명이나 배출합니다.

메디치 가문이 위대한 것은 금융으로 번 돈을 자신들이 아닌 시민들을 위해 사용했다는 것입니다. 유럽 각지의 희귀 문서와 고문서를 모아 피렌체에 메디치 도서관을 세웠습니다. 유럽 최초의 도서관입

니다. 메디치는 특히 예술작
품 시장이 존재하지 않던 이
시기에 가난한 예술가들을 후
원하며 1400년대 르네상스 시
대를 열었습니다. 르네상스의
아버지로 불리는 도나텔로,
브루넬레스키Brunelleschi, 레오나
르도 다빈치Leonardo da Vinci, 미켈

메디치 가문의 주요 인물을
곳곳에 그려넣은 동방박사의 행렬.
1459년 베노초 고촐리 작품

란젤로 부오나르티Michelangelo Buonarroti, 산드로 보티첼리Sandro Botticelli 등 르
네상스 거장들이 메디치 가문의 후원으로 생계 걱정을 덜고 작품에
전념한 덕분에 인류사의 걸작을 남기게 됩니다.

　메디치는 오늘날 '요리천국 프랑스'를 있게 만든 주인공이기도 합

우뚝 솟은 피렌체 대성당의 돔과 피렌체 시내를 흐르는 아르노강이 아름답게 펼쳐져 있다.

니다. 1533년 메디치가의 카트린 드 메디치Catherine de Médicis가 프랑스 앙리 2세의 왕비가 되면서 피렌체의 전속 요리사들을 함께 데려갑니다. 이로 인해 피렌체 왕궁의 고급 식재료와 조리법, 식탁 매너가 프랑스에 전해지게 됩니다. 프랑스가 포크를 사용하기 시작한 것도 바로 이 시기부터입니다. 그 전까지는 나이프와 손으로 음식을 먹었습니다.

메디치 가문은 장사꾼이 아닌 차원이 다른 기업가이자 노블레스 오블리주noblesse oblige를 실천한 가장 아름다운 가문입니다. 만약 메디치가 1800년대 등장한 로스차일드Rothschild처럼 철저하게 이윤만을 추구했다면 오늘날 세계 경제 질서는 물론 정치 질서까지 바뀌었을지도 모를 일입니다.

보르도 와인 라벨에 등장한
잉글랜드 장군 _____

프랑스 보르도 그랑크뤼 클라세
Grand Cru Classe 와인 라벨에 잉글랜드 장군의
이름이 박혀 있다니, 그것도 그가 백년전
쟁 때 그토록 프랑스군을 벌벌 떨게 하던
잉글랜드의 맹장이라면…….

프랑스 보르도 메독 지방의 와인 샤또
딸보Chateau Talbot에 대한 얘기입니다. 프랑스

존 탤벗

발음으로는 '딸보', 영어 발음으로는 '탤벗'
으로 불리는 존 탤벗John Talbot 장군은 잉글랜드와 프랑스가 1337년부
터 1453년까지 치열하게 싸운 백년전쟁 마지막 시기 잉글랜드의 총
사령관이었습니다.

지롱드강 인근 생 줄리앙 지역에 펼쳐진 샤또 딸보 와이너리 모습
출처_샤또 딸보 홈페이지

백년전쟁 내내 밀리던 프랑스가 전쟁 막판에 잔 다르크^{Jeanne d'Arc}의 등장으로 전세를 역전시키기 시작합니다. 그 기세를 몰아 1451년 6월 보르도를 포함한 가스코뉴^{Gascogne} 지방 도시 대부분을 탈환합니다. 그러나 얼마 안 가 가스코뉴 지방에서 주민들의 반란이 일어납니다. 가스코뉴를 지배하기 시작한 프랑스가 와인업자들에게 세금을 너무 과중하게 매기자 주민들이 잉글랜드가 지배할 때가 훨씬 좋았다며 폭동을 일으킨 것이죠. 프랑스 입장에서는 전쟁을 수행하려면 많은 돈이 필요해 와인 무역으로 부를 축적한 보르도 와인업자들에게 세금을 많이 걷었습니다. 한

샤또 딸보 와인
출처_샤또 딸보 인스타그램

편으론 수백 년간 잉글랜드에 기대어 살던 보르도 사람들이 얄밉기도 했을 것입니다.

1452년 10월, 이를 틈타 잉글랜드의 탤벗 장군이 5,000명의 병력을 이끌고 들어와 보르도를 되찾습니다. 이어 가스코뉴 지방 대부분의 지배권마저 회복하게 됩니다.

그러나 해가 바뀌자 프랑스가 다시 반격에 나섭니다. 1453년 보르도 동쪽에 위치한 카스티용Castillon에서 맞붙은 프랑스군은 1년 전과 달리 아주 강했습니다. 예전에 잉글랜드에 번번이 깨지던 오합지졸이 아니었습니다. 프랑스군은 카스티용 외곽에 튼튼하게 진영을 구축한 채 바퀴를 단 신형 대포를 가져와 잉글랜드 진지에 강력한 포격을 가했습니다.

잉글랜드군이 예상치 못한 어려움에 처하자 탤벗 장군이 구원군을 이끌고 이곳으로 들어옵니다. 지난 수십 년 동안 선상에서 프랑스군을 궤멸시켰던 탤벗이라는 이름은 프랑스 군대에게 거의 공포에 가까웠습니다. 그러나 70세의 백전노장인 탤벗은 자만을 했는지 큰 오판을 하고 맙니다. 그는 프랑스군이 자신의 명성에 겁을 먹고 퇴각하고 있다고 믿고 보병과 떨어져 기병 1,000여 명만 이끌고 프랑스 야영지를 공격합니다. 때마침 이를 기다리고 있던 프랑스군은 탤벗의 기병대에 엄청난 포격을 가합니다.

탤벗 장군이 탄 말이 포탄 파편에 맞아 쓰러집니다. 탤벗도 함께 굴러떨어져 결국 프랑스 병사에 의해 목숨을 잃게 됩니다. 그곳에서

오를레앙 전투에서 프랑스군을 이끄는
잔 다르크

잉글랜드군은 거의 전멸당합니다. 백년전쟁 말기에 프랑스군에게 공포의 대상이자 잉글랜드군 총사령관이던 탤벗 장군이 죽으며 백년전쟁이 프랑스의 승리로 완전히 굳어지게 됩니다.

탤벗 장군이 죽자 보르도의 주민들은 물론 프랑스 장군들도 그의 죽음에 경의를 표하며 안타까워했습니다. 적국의 장군임에도 이렇듯 프랑스인들의 반응이 애틋했던 것은 남다른 그의 인품 때문이었습니다. 잉글랜드 출신 탤벗 장군은 잉글랜드 총사령관을 맡기 오래전부터 프랑스 기엔 지방의 영주이기도 했습니다. 영주로서 지내던 시절 주민들을 아끼며 선정을 많이 베풀어 프랑스 주민들은 그가 잉글랜드 출신임에도 늘 그를 존경해왔다고 합니다. 그런 오래된 영주가 프랑스 정부의 가혹한 세금에 시달리는 자신들을 구원하러 왔다가 죽었으니 주민들 입장에서 너무도 서글펐을 겁니다. 이런 이유로 프랑스의 자존심인 보르도 와인 라벨에 잉글랜드 명장의 이름이 붙이게 된 것이죠.

샤또 딸보의 라벨에는 "Ancien Domaine du Connetable Talbot Gouverneur de la Province de Guyenne 1400-1453(1400년에서 1453년

까지 기엔의 영주인 탤벗의 오래된 영지)"라는 문구를 적고 있습니다.

샤또 딸보는 프랑스 보르도 메독의 그랑크뤼 클라세 4등급 와인임에도 우리나라에서는 특급 와인 못지않은 대접을 받고 있습니다. 지난 2002년 한일월드컵 당시 4강 신화를 이끈 거스 히딩크 감독이 즐겨 마시는 와인으로 알려지면서 한때 '히딩크의 와인'으로 불리기도 했습니다.

하지만 샤또 딸보는 히딩크 이전인 1980년대 우리나라 비즈니스맨들이 외국인 바이어를 접대할 때 가장 즐겨 찾는 와인이었습니다. 품질도 좋았지만 일단 와인 이름이 짧고 외우기 쉬워 많이 시켰다고 합니다.

우리나라 현대사를 일군 고 정주영 현대그룹 회장도 샤또 딸보를 많이 좋아했다고 합니다. 금강산 관광 등의 현안으로 북한을 자주 왕래할 때 늘 박스째 가져가 직원들과 함께 마시곤 했다고 합니다.

샤또 딸보는 까베르네 소비뇽Cabernet Sauvignon(66%)을 베이스로 메를로Merlot(26%), 까베르네 프랑Cabernet Franc(3%), 쁘띠 베르도Petit Verdot(5%) 등을 섞어 만듭니다. 1855년에 정한 그랑크뤼 클라세 4등급 와인입니다.

프랑스 보르도 그랑크뤼 클라세 3등급 와인임에도 1등급 와인과 대등한 품질로 평가받는 샤또 팔머Chateau Palmer 와인도 영국과 연관이 깊습니다.

로칠드 가문의 백년전쟁

"단순한 사교모임이라고? 꿍꿍이가 다 보이는데, 더는 못 봐주겠군."

1953년 샤또 라피트 로칠드^{Chateau Lafite Rothschild}의 오너 엘리 로칠드 ^{Elie Rothschild} 남작이 이같이 중얼거리며 샤또 무똥 로칠드 ^{Chateau Mouton Rothschild}의 오너 필립 로칠드^{Philippe Rothschild} 남작 을 '오인회'에서 내쫓아 버립니다.

오인회는 보르도 유명 와이너리 오너 모임으로 라피 트 로칠드, 라뚜르^{Latour}, 마고^{Margaux}, 오 브리옹^{Haut Brion}, 무 똥 로칠드 등 딱 5명만으로 이뤄진 폐쇄적인 사모임이 었습니다. 모두 메독 지방을 대표하는 그랑크뤼 클라세 와이너리 오너였죠. 하지만 네 명은 1등급 와이너리 소

샤또 라피트 로칠드 와인

유주였고 유일하게 필립만 2등급 와이너리의 오너였습니다. 그러나 이들 다섯 명은 주말마다 모여 파티를 즐기며 와인 산업의 발전 방향과 자신들의 가족 대소사 등을 얘기하며 우의를 다져왔습니다.

그러던 차에 모임의 리더 격인 엘리가 "꿍꿍이가 있다"는 말 한마디로 필립을 모임에서 내쫓은 것입니다.

필립 드 로칠드
출처_샤또 무똥 로칠드 홈페이지

하지만 그것은 사실이었습니다. 필립의 최대 숙원은 자신의 와이너리 무똥 로칠드를 1등급으로 올려놓는 것이었습니다. 무똥 로칠드 와인은 워낙 뛰어난 품질로 이미 시장에서 1등급 대접을 받았지만 실제로는 1등급이 아니었습니다. 1등급으로 승격하기 위해서는 반드시 넘어야 하는 문턱이 있었습니다. 1등급 와이너리 4곳 모두가 승급에 동의해야 한다는 절차였습니다. 그래서 필립 남작은 자신의 와이너리 무똥 로칠드를 그랑크뤼 클라세 1등급으로 승격시키기 위해 모임을 만들고 이들의 환심을 사려 했던 것이었습니다.

필립은 이를 위해 보르도로 내려와 매일 포도밭을 관리하며 온갖 정성을 쏟았습니다. 당시 보르도 와이너리 오너 대부분은 보르도가

아닌 파리에서 화려한 사교생활을 즐기
던 것을 감안하면 승급 심사에 자신의
모든 것을 다 걸었던 것이죠. 그런데 다
른 와이너리도 아니고 같은 로칠드 집안
인 엘리가 자신을 내쫓다니. 이는 자존
심 상하는 일을 넘어 거의 충격에 가까
웠습니다.

엘리 드 로칠드
출처_샤또 라피트 로칠드 홈페이지

 프랑스 보르도의 그랑크뤼 1등급 와
인 샤또 라피트 로칠드와 샤또 무똥 로칠드는 1868년 이래 지금까지
150년이 넘게 한 치도 양보 없는 자존심 대결을 펼치고 있습니다. 앙
숙도 이런 앙숙이 없지만 두 와이너리 소유주는 세계 금융산업을 장
악하고 있는 그 유명한 로스차일드Rotfschild(독일 명 '로쉴드', 프랑스 명
'로칠드')의 한 가문 사람들입니다. '다섯 개의 화살'을 가문의 상징으
로 삼고 가족 간 화합을 가장 중시하는 로스차일드 가문에서 이처럼
사촌지간에 시기와 질투, 반목을 계속하고 있는 것은 어찌 보면 미

로칠드 가문의 시조와 아들들
출처_샤또 무똥 로칠드 홈페이지

스터리 같기도 합니다.
 무똥 로칠드는 1853년 너다
니엘 드 로칠드Nathaniel de Rothschild
남작이 보르도의 유명 와이너리
샤또 브랑 무똥Chateau Brane Mouton
을 사들여 샤또 무똥 로칠드라

너다니엘 드 로췰드
출처_샤또 무똥 로췰드 홈페이지

는 이름을 붙이며 역사를 시작했습니다. 너다니엘은 로스차일드 가문에서 가장 총명한, 오늘날의 로스차일드 가문을 만든 네이선 메이어 폰 로스차일드Nathan Mayer von Rothschild의 아들입니다. 당시 유럽에서 유명한 금융 재벌 가문의 일원으로 성공한 은행가이던 너다니엘은 이 와이너리를 정말 애지중지했습니다.

그런데 2년 후인 1855년 청천벽력 같은 소식을 듣습니다. 프랑스 정부가 파리국제박람회를 앞두고 프랑스 와인을 프랑스를 대표하는 세계일류상품으로 정하고 보르도 지역, 정학히게는 메독의 와인 등급을 매겼는데 샤또 무똥 로췰드가 1등급이 아니라 2등급으로 평가받았다는 것이었습니다. 너다니엘은 "바로 앞 오솔길 하나 건너 있는 샤또 라피트는 1등급인데……"라며 이를 인정하지 않았습니다.

그러던 중 1868년 너다니엘의 막내 삼촌인 제임스 메이어 폰 로스차일드James Mayer von Rothschild가 샤또 라피트를 매입해 샤또 라피트 로췰드로 이름을 바꿉니다. 135ha에 달하는 엄청난 규모의 포도밭으로 1855년 1등급으로 지정된 와이너리였습니다. 매입 금

제임스 메이어 폰 로췰드

액도 무려 4,400만 프랑에 달했습니다. 샤또 무똥 로칠드(26㎡, 112만 프랑)에 비하면 그 규모나 지불한 가격이 어마어마했습니다. 순식간에 1등급 와이너리를 손에 넣은 삼촌 집안을 보면서 한 지붕 두 자손들은 보이지 않는 경쟁을 하기 시작합니다.

세월이 흘러 1922년 무똥의 와이너리는 너대니얼의 손자 필립 드 로칠드Philippe de Rotschild 남작이 이어받게 됩니다. 필립은 고작 스무 살에 불과했지만 정말 비범한 인물이었습니다. 아주 명석하고 쾌활하고 사교적인 데다 만능 스포츠맨이기도 했습니다. 카레이서로 르망 레이스에 출전해 3위에 입상하기도 했으며 8m 보트대회에서는 두 번이나 우승을 거머쥐기도 했습니다.

와인 업계에서의 활약은 훨씬 더 위대했습니다. 필립은 1926년부터 샤또에서 와인을 만들어 일정 기간 숙성시킨 후 병입해 판매하는 지금의 시스템을 도입했습니다. 지금이야 당연한 일처럼 여겨지지만 당시엔 거의 혁명이었습니다. 또 1945년에는 세계대전 종전을 기념해 와인 레이블에 유명화가의 그림을 그려 넣으면서 '와인 아티스트 레이블'의 원조가 되기도 합니다.

그러나 필립의 가슴에는 이런 천재적인 경영능력보다 무똥을 반드시 1등급 와인으로 올려놓겠다는 의지가 더 강했습니다. 오인회는 바로 그 꿈을 실현시켜줄 열쇠였습니다. 사촌으로부터 '강퇴'당한 필립은 등급 상향에 대한 열망을 더욱 불태웁니다. 하지만 번번이 무위에 그치고 맙니다.

그런데 갑자기 1973년 무똥의 1등급 진입을 그토록 반대해오던 라피트가 갑자기 입장을 바꾸면서 무똥은 꿈에 그리던 1등급에 오릅니다. 그 이유는 아직까지도 알려지지 않고 있습니다. 무똥 오너 필립은 얼마나 기뻤던지 이런 시를 씁니다. "나

필리핀 드 로칠드
출처_샤또 무똥 로칠드 홈페이지

는 1등급이다. 과거엔 2등급이었다. (그러나) 무똥은 변하지 않았다." 사실 자신들은 1855년부터 이미 1등급이었다는 것을 의미하는 말이었습니다.

그러나 두 집안의 화해 무드는 잠깐이었습니다. 두 와이너리는 해마다 와인 가격을 통해 다시 예민한 자존심 대결을 벌이기 시작합니다. 무똥은 늘 라피트를 따리잡기 위해 가격을 라피트와 비슷하거나 조금이라도 더 높게 책정하려 애썼습니다. 그러나 라피트는 무똥을 의식해 가격을 계속 높이면서 추격을 따돌렸습니다. 어찌 보면 보르도 1등급 와인의 가격이 천정부지로 치솟은 것은 바로 이 두 집안의 가격경쟁 때문이라는 지적도 있습니다.

에릭 드 로칠드
출처_샤또 라피트 로칠드 홈페이지

이런 유명한 일화도 있었습니다. 전 세계가 새천년 행사에 들떠 있던 1999년 12월 31일 밤 당시 무똥의 여성 오너인 필리핀

샤또 무똥 로췰드 그림 라벨
출처_샤또 무똥 로췰드 홈페이지

드 로췰드Philippine de Rothschild 여사가 라피트의 오너 에릭 드 로췰드Eric de Rothschild 남작을 자택으로 불렀습니다. 그녀는 그에게 1899년 샤또 무똥 로췰드를 대접했다고 합니다. 즐겁게 마시고 귀가한 에릭은 그 다음 날 답례로 필리핀을 초청해 와인을 대접했습니다. 그런데 그 와인은 무똥보다 100년이나 더 묵은 1799년산 샤또 라피트 로췰드 였다고 합니다.

한 가문 두 와이너리의 자존심 대결은 아직도 진행 중입니다.

2부

와인에 취한 인류

주르륵, 콸콸, 또르르륵…….

얇고 투명한 와인 잔에 쏟아지는 영롱한 루비 빛 와인에서 환상적인 향기가 피어오릅니다. 수천 년 전 방주에서 내린 노아를 취하게 만든, 제자들과 마지막 만찬을 하던 예수 그리스도의 와인도 이런 모습이었을까요.

바로 앞에 놓인 이 한 잔의 와인 속에는 이처럼 우리가 걸어온 오랜 역사와 문화가 비밀코드처럼 고스란히 녹아 있습니다. 8,000년 전부터 인류의 입맛을 사로잡은 와인은 그 시대의 사회상과 문화상을 반영하고 있습니다.

노아부터 성직자까지……
8,000년 전부터 와인에 취한 인류 ――――

"형님, 아우님! 어서 와 보세요. 하하하. 아버지가 술에 취해 벌거벗고 자고 있어요."

노아Noah가 대홍수를 겪은 후 땅에 정착한 첫 해, 기쁜 마음으로 포도를 수확해 만든 와인에 취해 그만 벌거벗은 채 잠들었습니다. 그러자 그의 둘째 아들인 함Ham이 아버지의 취한 모습을 보고 마치 구경거리라도 난 것처럼 행동합니다. 깜짝 놀란 첫째 아들 셈Sem과 셋째 아들 야벳Japheth은 겉옷을 가져다가 자신들의 어깨에 걸치고 뒷걸음질로 다가가 아버지의 벌거벗은 몸을 덮어줍니다. "가나안은 저주를 받아 그 형제들의 종들의 종이 될 것이다." 술에서 깬 노아가 자초지종을 알고 둘째 아들 함에게 저주를 퍼부었습니다.

성경 속 창세기에서는 노아와 그의 세 아들, 그리고 와인이 얽힌

유대인 박물관에 전시돼 있는 셈, 함, 야벳의 모습.
제임스 자크 소셉 티소트 작품

이야기를 이렇게 시작하고 있습니다. 와인은 이처럼 성경의 창세기
에도 등장할 만큼 오래된 역사를 가지고 있습니다.

　노아가 대홍수를 겪은 후 방주에서 나와 처음 밟은 땅은 터키 남
동부의 아라라트^{Ararat}산 높은 계곡이었습니다. 이 땅에 정착해 처음
심은 게 바로 포도나무입니다. 아라라트산은 터키 동부와 아제르
바이잔 사이에 위치한 아르메니아 고원지대로 높은 봉우리는 해발
5,000m가 넘습니다. 여기에서 발원한 물이 티그리스와 유프라테스

노아가 술에 취한 모습과
세 아들의 행동, 함에 저주를 내리는
모습을 그린 고대 문서

로마 시내 산 지오반니 인 라테라노 성당 옆에
위치한 산타 스칼라 성당 내부에 프레스코화로
그려진 노아의 모습(위에서 세 번째)

강을 만들게 되며 이곳에서 인류 최초의 문명인 수메르 문명이 시작
됩니다.

  아라라트산이 있는 아르메니아 고원 북쪽에는 조지아가 위치해 있
습니다. 세계에서 가장 오래된 와인 산지로 그 역사는 무려 8,500년
에 달한다고 전해집니다. 조지아에서는 와인을 그비노Gvino라고 부릅
니다. 이게 이탈리아로 넘어와 비노Vino로, 프랑스에서는 뱅Vin으로,
독일에서 바인Wine으로, 다시 영국으로 넘어가 와인Wine으로 불리게
됩니다.

  조지아 와인은 사페라비Saperavi라는 품종을 이용해 항아리처럼 생
긴 크베브리Qvevri에서 발효와 숙성을 진행합니다. 아직도 고대의 제

아르메니아 수도 예레반에서 본 아라라트산

조 방식 그대로를 따라서 만듭니다. 조지아는 낮에는 뜨겁고 밤에는 시원한 아열대기후를 가지고 있습니다. 이는 포도 생육에 최적화된 기후로 낮에는 뜨거운 햇살이 포도의 당분과 타닌을 높여주고, 밤에는 해발 5,000m에서 불어오는 차가운 바람이 산도를 높여줍니다. 덕분에 구조감이 완벽한 아주 뛰어난 와인이 생산됩니다.

이처럼 방주에서 내린 노아를 취하게 만든 와인은 8,000년이 넘게 인류의 입맛을 사로잡아왔습니다. 그리스 북방에서는 기원전 4500년의 것으로 추정되는 포도 씨가 발견되기도 했고, 기원전 2500년에 그려진 이집트 벽화에서는 와인을 제조하는 모습이 실감나게 담겨 있습니다. 또 기원전 1700년경 만들어진 바빌로니아의 함무라비 법전에는 "술버릇이 나쁜 자에게는 와인을 팔지 말라"는 규정이 기록돼 있습니다. 그만큼 당시에도 사람들이 와인을 많이 마셨으며 심지어 주정뱅이까지 있었다는 것을 말해줍니다.

그래서인지 절제와 중용을 중시하던 그리스 로마시대 사람들은 와인을 지금처럼 원액으로 즐기지 않고 물에 희석해 마셨습니다. 와인을 원액으로 마시면 야만인 취급을 당했습니다. 고대 시대 와인은 암포라Amphora라고 하는 술 저장용기에서 크라테르Crater, Krater라고 하는 커다란 그릇에 옮겨 담아 물과 희석한 후 큐릭스Kylix라는 잔에 덜어서 마셨습니다. 비율은 와인 1에 물이 3 또는 4, 혹은 그 이상이었습니다. 물에 와인을 타서 먹었다는 표현이 더 어울릴 정도로 아주 옅게 마셨습니다.

큐릭스

고대 그리스인들은 저녁을 먹고 나면 친한 사람들과 함께 모여 하나의 주제를 정해 토론하는 모임을 즐겼습니다. 소파처럼 생긴 카우치에 비스듬히 기댄 채 한 손에는 와인 잔을 들고 각자의 생각을 쏟아내며 때로는 학문적 소양과 문화적 소양을 뽐내기도 했습니다. '함께 마시다'라는 뜻을 가진 '심포지움Symposium'입니다. 오늘날에는 좌담회, 토론회의 뜻으로 쓰이지만 원래는 술이 곁들여진 일종의 와인 파티였습니다.

참석자들은 시종들이 와인이 들어 있는 단지를 들고 다니며 손님들에게 와인을 따라주면 지체 없이 그 잔을 비워야 했다고 합니다. 심포지움에는 와인과 함께 무희와 악사들이 등장해 공연을 벌였습니다. 취기가 오른 참석자들은 직접 시낭송을 하거나 노래를 부르고 악기를 연주하기도 했습니다.

술에 취한 수도사의 모습을 그린 그림
안토니오 카사노바 에스토락, 1886년 작

와인은 가톨릭 문명과 같은 길을 걸어왔습니다. 가톨릭에서 포도주는 예수 그리스도의 피를 상징합니다. 이 때문에 와인은 가톨릭 성찬의식에 반드시 등장하는 첫 번째 물품이었습니다. 그래서 모든 수도원 주변에는 포도밭이 위치하고 수도원 안에는 와인을 만드는 시설을 갖추고 있었습니다.

그러나 절제를 가장 중요한 덕목으로 여기는 수도원이지만 아이러니하게도 수도사들은 늘 와인에 취해 있었습니다. 수도원에서 성찬미사를 위해 와인을 만들었는데 수도사들이 엄청난 양의 와인을 소비했습니다. 와인이 일상 음료로 쓰였기 때문입니다. 그래서인지 믿기지 않지만 중세시대 수도사 한 명이 하루에 마시는 와인의 양이 평균 8ℓ에 달했다고 합니다. 일반적인 와인병의 용량이 750㎖이니 지금으로 따지면 매일 10병 정도의 와인을 마신 것이죠. 특히 가톨릭 종교회의가 있는 날이면 그날은 엄청난 수의 와인 통이 바닥을 드러냈다고 합니다.

중세시대에도 와인을 물에 섞어 먹었습니다. 언제부터 와인을 지금처럼 원액으로 마시기 시작했는지는 확실치 않지만 대략 프랑스 혁명 이후부터 부떼이예bouteiller, 소믈리에sommelier, 에샹송echanson 등의 전문 직업군이 사라지는 것을 보면 이 당시로 추정되고 있습니다.

소믈리에는 우리가 많이 들어 알고 있지만 부떼이예, 에샹송은 꽹 장히 낯섭니다. 왕궁이나 영주 등이 거주하는 곳에는 포도밭을 관리 하는 전문가 부떼이예와 지하 동굴의 와인 까브를 총괄하며 와인을 골라주는 소믈리에, 식탁에서 와인을 서빙하는 에샹송 등 와인과 관 련된 직업이 세분화돼 있었습니다.

요즘 시대 소믈리에는 와인 저장고를 관리하고 음식과 어울리는 와인을 골라주고 식탁에서 서빙까지 도와주는 역할을 하지만 과거 에는 맡은 임무가 상당히 제 한적이었습니다. 와인 까브에 넣을 와인을 선정하고 관리하 며 식탁에 오를 와인을 골라 내어주는 역할만 했습니다.

지하 동굴을 벗어난 와인은 소믈리에가 아닌 에샹송이라 는 별도의 직업을 가진 사람 이 다뤘습니다. 이들은 선택 된 와인에 섞을 물의 비율을 맞추고 와인에 이상이 없는

에샹송
시어도르 롬부츠, 1625~1632년 작

지를 먼저 맛보기도 했습니다. 특히 에샹송은 영향력이 막강한 중요한 보직이었습니다. 중세의 경우 와인을 이용해 정적을 독살하는 경우가 잦았기 때문에 식탁에서 와인을 다루는 일은 아무나 할 수 있는 게 아니었습니다. 그래서 왕의 신임이 절대적인 귀족 출신이 맡는 경우도 많았습니다. 그러나 프랑스 혁명으로 왕정이 붕괴되면서 특권층으로 군림하던 에샹송이란 직업도 완전히 자취를 감추게 됩니다.

프랑스 혁명 이후 궁정이나 귀족 식문화가 호텔, 레스토랑 등에 본격적으로 스며들면서 소믈리에가 와인과 관련된 모든 역할을 대신하고 오늘날 전문직업인 와인 소믈리에로 자리 잡게 됩니다.

'레이디 퍼스트'는
배려 아닌 잔인한 에티켓

비즈니스 테이블이나 격식을 차리는 자리에서 와인을 마실 때 보면 식전 절차가 꽤 까다롭게 진행되는 것을 볼 수 있습니다. 우선 와인을 주문하면 소믈리에나 직원이 호스트에게 와인을 가져와 라벨을 보여주며 코르크를 개봉한 후 코르크를 접시에 담아 가져옵니다. 호스트는 코르크의 상태를 살펴보고 냄새를 맡아본 후 이상이 없다고 판단되면 고개를 끄덕이게 됩니다. 그러면 소믈리에가 호스트의 잔에 약간의 와인을 따르게 되죠. 호스트가 잔을 스월링(Swirling)해 맛과 향을 확인한 후 서빙해도 좋다는 나름의 의사 표시를 하면 그때부터 와인이 참석자의 잔에 나눠지게 됩니다.

코르크의 냄새를 맡는 것은 드물긴 하지만 곰팡이에 오염된 코르크가 와인을 상하게 하는 경우(부쇼네 또는 코르키드라 부름)가 있어 이를 확인하는 것입니다. 또 와인의 맛을 먼저 보는 것은 자신이 주문한 와인이 제대로 맞는지 이상 유무를 판단하는 절차죠. 하지만 비즈니스가 이뤄지는 고급 레스토랑에서 문제가 있는 와인이 나오는 경우는 거의 드물고 더구나 소믈리에나 경험이 많은 직원이 코르크를 개봉한 후 문제가 있는 것을 발견하지 못하는 것도 불가능에 가깝습니다.

　와인을 따를 때는 에티켓이 있습니다. 호스트가 서빙을 허락하면 제일 먼저 여성에게 먼저 따라줍니다. 이후에는 시계 방향으로 돌아가면서 와인을 따르게 됩니다. 호스트는 맨 나중에 다시 잔을 받습니다. 사실 와인의 마지막 잔은 침전물이 있을 수도 있어 초청한 사람에게 먼저 잔을 주고 호스트가 마지막에 받는 것이죠.

　그런데 왜 호스트가 먼저 잔을 받을까요. 이는 독살에 대한 공포 때문입니다. 오래전 특히 중세시대에는 와인을 이용해 상대방을 독살하는 경우가 많았다고 합니다. 평화의 시기에는 식시를 초대해 와인에 독을 섞거나 잔에 독을 발라 징적을 제거하는 방법을 많이 썼다고 합니다. 또 전시에는 한참 전쟁을 벌이다가 농번기가 돼 휴전을 제안할 때도 상대방을 초대해 협정을 맺었는데 이때도 와인을 이용해 독살하는 경우도 많았다고 합니다.

　그래서 와인이 나오면 모임을 주최하는 사람이 먼저 와인을 마

미국 나파밸리의 유명 와이너리 인시그니아
와인이 놓인 우아한 식사 테이블

셔 보이며 상대방에게 독이 없다는 것을 보여준 게 와인 에티켓이 된 것이죠. 와인 잔을 따를 때 호스트 다음에 받는 사람이 여성인데 이것도 여성 존중과는 거리가 멉니다. 왕이나 영주, 귀족 등이 식사를 할 때는 시식 시종이 항상 따라붙지만 만약에 모임의 특성상 그 자리에 배석하지 못하게 되는 경우 함께 온 여성이 먼저 와인을 맛보고 독이 있는지를 확인하게 한 데서 유래했습니다. 그러니 '레이디 퍼스트Lady First'라는 말도 여성을 배려한 것이 아닌, 어찌 보면 잔인한 행위가 와인 예절로 굳어진 것입니다.

썩은 포도 '흐르는 황금'이 되다
- 귀부와인

프랑스 보르도 남동쪽에 위치한 소테른Sauternes 마을에는 해마다 가을이 오면 '자연이 주는 선물'이 찾아옵니다. 섭씨 40도까지 올라가던 여름이 가고 햇실이 따가워지기 시작하면 이 마을은 매일 아침마다 온통 물안개로 뒤덮입니다. 마을 위쪽을 흐르는 가론Garonne강에서 피어오른 물안개가 마을 전체를 휘감는 것이죠. 고색창연한 소테른의 아름다운 건물과 뿌옇게 흐려진 포도밭이 마치 파스텔톤 수채화 속 풍경처럼 변합니다. 서서히 해가 높아지자 물안개가 물러갑니다. 잎사귀 색이 노랗게 물들기 시작한 포도밭에선 거무튀튀하고 쭈글쭈글하게 변해버린 포도송이가 가을 햇살을 즐기며 잘 여물고 있습니다. 올해도 자연이 준 선물, 보트리티스 시네리아Botrytis Cinerea가 잘 내려앉았습니다. 보트리티스 시네리아는 곰팡이균으로 포도알에 달라붙어 포도를 썩게 만듭니다. 이 균은 가론강에서 발생하는 물안개를 타고 마을 포도밭으로 날아와 껍질을 갉아먹기 시작합니다. 곰팡이의 공격으로 껍질이 연해진 포도 알맹이가 따가운 가을 햇살에 갈라진 껍질 틈으로 주르륵 수분을 뱉어냅니다. 올해도 풍작입니다.

'마시는 황금' '자연이 주는 선물' '진짜 신의 물방울'. 프랑스 보르도의 소테른 지역에서 나는 귀부와인

프랑스 소테른의 포도밭이 안개에 뒤덮여 있다.
출처_샤또 꾸뗴 홈페이지

을 표현하는 말들입니다. 귀부와인이란 이처럼 '귀하게 부패한Noble Rot' 포도알만 하나하나 골라 만든 와인입니다. 말이 귀하게 부패했다는 것이지 실제로 보면 쭈글쭈글하고 색깔도 형편없이 변해버려 "이 포도로 어떻게 와인을 담글 수 있을까" 하는 생각이 듭니다. 하지만 이렇게 곰팡이균의 공격으로 쪼그라든 포도 알갱이는 당도가 엄청나게 축적돼 있습니다.

보트리티스 시네리아가 만들어낸 포도는 당도가 얼마나 될까요. 일반적으로 우리가 식용으로 즐겨 먹는 캠벨 포도의 당분 함량이 14브릭스 안팎인데, 와인을 만들 때 사용하는 까베르네 소비뇽, 메를로 등은 당도가 24~28브릭스에 달합니다. 그런데 보트리티스 시네

리아에 감염돼 수분이 빠져
나간 포도는 당도가 32~36
브릭스까지 치솟습니다. 꿀
의 당도가 40브릭스입니다.

실제로 소테른의 귀부와
인을 먹어보면 독특한 풍미
가 일품이지만 무엇보다 혀
를 녹일 듯한 단맛과 이를
잊게 만드는 강렬한 산도에
깜짝 놀랍니다. '와인이 이

보트리티스 시네리아 균이 내려앉아
쭈글쭈글해진 포도
출처_샤또 꾸뎀 홈페이지

렇게 달 수도 있구나'라는 생각이 듭니다. 보트리티스 시네리아에 감
염된 포도를 발효시키면 알코올 도수가 11~14%에 도달한 후 발효를
멈춰도 와인 속 당분이 14브릭스 이상 남아 있어 그렇습니다. 그러나
먹기에 부담스럽지 않습니다. 혀를 잡아 흔들 정도의 강렬한 신맛이
단맛의 느낌을 중화시키기 때문입니다.

소테른의 귀부와인이 만들어진 시기는 언제일까요. 여러 가지 설
이 있지만 가장 먼저 문헌에 등장하는 것은 1800년대 초입니다. 샤
또 디켐Chateau d'Yquem의 소유주 베르트랑Bertrand 후작이 러시아를 여행
하다 귀환이 늦어져 포도의 수확시기를 놓쳤다고 합니다. 포도는 하
루가 다르게 여물어가고 곰팡이균까지 감염돼 썩어가는데 한참이
지난 후에야 베르트랑 후작으로부터 수확하라는 지시가 내려왔습니

다. 양조책임자는 어쩔 수 없이 그냥 썩은 포도를 압착해 와인을 담았다고 합니다. 그런데 압착한 포도즙에서 놀라울 정도의 좋은 향기가 나서 입에 넣어보니 이전에 경험해보지 못한 달콤하고 진한 맛의 액체가 돼 있었습니다. 꿀처럼 달콤한 맛에 강렬한 신맛까지 갖춘 놀라운 품질의 와인이 나온 것이죠.

와인의 당도가 높다는 것은 최고 품질의 와인이라는 것을 의미했습니다. 당시는 유럽대륙이 삼각무역을 통해 아메리카 대륙에서 설탕을 수입하던 시기이고 가격도 워낙 비싸 단맛이 정말 귀했습니다. 따라서 단맛이 나는 와인은 거의 금값과 다름없었습니다. 아마도 우연히 만들게 된 귀부와인을 맛보며 이들은 엄청난 환호성을 질렀을 것입니다.

소테른의 귀부와인은 세미용Semillon과 소비뇽 블랑Sauvignon Blanc으로 만듭니다. 세미용은 보트리티스 시네리아 균이 가장 좋아하는 포도입니다. 균에 감염돼 당도가 응축된 세미용에 신선한 과실향이 특징인 소비뇽 블랑을 섞어 만드는 와인이 귀부와인입니다. 이 와인은 나이를 먹을수록 색이 진해집니다. 처음에는 매혹적인 황금빛을 띠지만 해가 지날수록 색깔이 짙은 갈

보트리티스 시네리아 균이 내려앉은
포도를 수확하는 농부
출처_샤또 꾸데 홈페이지

색으로 변해가는 독특한 와인입니다. 그래서 색깔만 보고도 숙성이 몇 년 이뤄졌는지를 짐작할 수 있습니다.

귀부와인은 가격대가 높습니다. 제대로 썩은 포도알을 일일이 손으로 골라 수확해야 하는데다 가지치기를 많이 해 수확량 자체도 적기 때문입니다. 최고급 귀부와인의 경우 포도나무 한 그루에서 겨우 한 잔 정도만 나옵니다. 가히 '흐르는 황금'이라고 불릴 만합니다. 양조기간도 아주 오래 걸립니다. 포도의 당분이 높아 발효에 걸리는 시간도 길고 발효가 끝나도 오크통 숙성 기간이 최소 2년 이상 필요하기 때문입니다. 따라서 추수한 후 귀부와인으로 탄생하기까지는 적어도 3년이 지나야 합니다.

샤또 디켐이 빈티지에 따라
변해가는 모습.
맨 위쪽 줄이 2000년대,
중간이 1980년대,
맨 아랫줄이 1910년대 와인.
출처_샤또 디켐 홈페이지

귀부와인의 최고봉은 샤또 디켐입니다. 1855년 나폴레옹 3세가 정한 보르도 와인 등급에서 유일한 특1등급Premier Cru Superieur을 받은 와인입니다. 미국의 3대 대통령인 토머스 제퍼슨과 이탈리아의 카사노바가 사랑했던 와인이기도 합니다.

샤또 디켐에 대해 전문가들은 "혀를 녹일 듯 달콤하지만 우아하고 강력한 산미가 균형을 잡아주고 뒤이어 벌꿀 향같이 톡 쏘는 풍미가 입안을 가득 채운다"라고

귀부와인의 주요 재료가 되는 세미용 포도

표현합니다. 가격도 일반 빈티지가 40만 원 안팎에 달하며, 그레이트 빈티지의 경우 100만 원을 가볍게 넘기기도 합니다. 하지만 대중적인 귀부와인은 이보다 더 저렴한 10만 원 안팎의 가격으로도 즐길 수 있습니다.

귀부와인은 로크포르 치즈와 잘 어울립니다. 귀부와인의 강력한 단맛과 신맛을 꼬리꼬리한 맛의 이 치즈가 정말 잘 잡아주기 때문입니다. 샤또 디켐은 아니더라도 오늘 저녁, 귀부와인 한번 경험해보면 어떨지요.

악마의 장난이 가져다준 선물
- 샴페인

    "형제님, 어서 와보세요. 저는 지금 은하수를 마시고 있어요."

    1670년 어느 봄날, 프랑스 상파뉴^{Champagne} 지방에 있는 베네딕토 오빌리에^{Benedictine Hautvillers} 수도원의 수도사 피에르 페리뇽^{Pierre Perignon}이 와인 저장고 안에 쭈그려 앉은 채 깨진 병을 들고 이렇게 소리쳤습니다. 피에르 페리뇽이 미사에 사용할 와인을 고르기 위해 와인 저장고를 둘러보던 중 저장고 입구 쪽에서 와인병 하나가 큰 소리를 내며 터졌습니다. 깨진 병 사이로 거품과 함께 흘러내린 와인을 호기심에 입에 넣어봤는데 이 맛이 기가 막혔던 것이죠. 입안에서 퍼지는 그윽한 이스트 향과 입속을 즐겁게 만드는 기포가 특징인 샴페인이 인류의 품으로 찾아온 순간입니다. 피에르 페리뇽은 입속에서

터지는 기포 한 알 한 알을 느
끼며 마치 우주에 점점이 박힌
은하수를 떠올렸습니다.

오빌리에 수도원이 있는 프
랑스 상파뉴에서는 매년 봄이
되면 와인병이 터지는 일이 잦
았습니다. 상파뉴는 북위 50도
에 위치한 아주 서늘한 기후대
를 가진 곳이어서 포도가 천천
히 익어가 수확시기가 늦습니
다. 그러다 보니 와인을 빚는
시기도 늦어져 발효가 채 끝나
기 전에 추위가 시작됩니다.

La Champagne — DOM PÉRIGNON decouvrant la mousse
(d'après le fragment d'un tableau d'Armand Guéry)

피에르 페리뇽이 거품을 발견하는 모습이 그려진
아르망 게리의 그림엽서

봄이 돼 날씨가 따뜻해지자 병 속의 이스트가 다시 발효를 시작합
니다. 병 속에서 뽀글뽀글 이산화탄소가 발생하고 압력을 견디지 못
해 병이 폭발한 것이죠. 사람들은 이를 '악마의 장난'으로 여기며 쉬
쉬했지만 사실은 자연이 인간에게 준 '진귀한 선물'이었습니다.

피에르 페리뇽은 이때부터 본격적으로 샴페인을 연구하기 시작합
니다. 그는 오늘날 샴페인을 만드는 가장 중요한 제조법들을 하나하
나 만들어냅니다. 우선 탄산가스의 압력을 견딜 수 있도록 두꺼운
유리병을 사용하고, 코르크와 철사를 활용한 샴페인만의 강력한 밀

오빌리에 수도원

폐기술을 개발합니다. 이로 인해 샴페인의 제조기술은 급속도로 발전하게 됩니다.

피에르 페리뇽은 또 상파뉴에서 처음으로 블렌딩 기법을 도입했습니다. 피노 누아, 피노 뮈니에Pinot Meunier, 샤르도네 등의 포도 원액을 섞어 숙성시키면 맛이 훨씬 깊어진다는 것을 안 것이죠.

포도를 수확해 착즙할 때 아주 천천히 누르는 기술도 개발합니다. 적포도인 피노 누아, 피노 뮈니에도 이 같은 방식으로 느리게 착즙하면 포도 껍질에 있는 색소가 거의 추출되지 않아 과즙의 색을 투명하게 유지할 수 있습니다. 적포도 품종으로 화이트 와인을 만들게 된 것도 피에르 페리뇽 덕분입니다.

피에르 페리뇽은 1715년 사망할 때까지 이외에도 여러 가지 업적을 올립니다. 그가 연구한 샴페인 제조 기술은 오늘날에도 그대로 이어지고 있습니다. 이후 피에르 페리뇽은 '돔 페리뇽'으로 불리게 됩니다. '돔 Dom'은 성직자의 최고 등급인 '도미

프랑스 상파뉴 지방

누스Dominus'를 줄여 부르는 말로 그의 업적을 인정받아 성직자 중 최고 자리에 오르며 이렇게 불리게 된 것이죠.

돔 페리뇽 샴페인
출처_돔 페리뇽 홈페이지

샴페인은 정말 고가의 와인입니다. 웬만큼 검증된 품질의 샴페인을 집어 들면 한 병 가격이 10만 원을 가볍게 넘깁니다. 또 한 병에 수백만 원까지 하는 고가 샴페인도 즐비합니다. 샴페인 가격이 이처럼 비싼 것은 만드는 과정이 아주 복잡하고 시간도 오래 걸리기 때문입니다.

샴페인은 발효 과정을 두 번 거치는 독특한 와인입니다. 1차 발효를 끝내고 병입된 후 병에서 한 번 더 발효가 이뤄집니다. 일반적인 와인은 발효가 끝난 후 오크통이나 스틸통 등 별도의 용기에서 숙성을 거쳐 병입 후 판매되는데 샴페인은 병에서 이뤄지는 2차 발효에 따라 와인의 성격이 완전히 좌우됩니다. 이 때문에 일부 전문가들은 샴페인을 두 번 만들어지는 와인이라고도 표현합니다.

샹파뉴 최고가 샴페인 중 하나인 살롱(Salon)의 까브
출처_살롱 홈페이지

상파뉴는 서늘한 기후 특

성 때문에 포도의 신맛이 강하고, 천천히 익어가기 때문에 떼루아의 성분을 차곡차곡 포도알에 담아낼 수 있다는 장점이 있습니다. 덕분에 아주 섬세하고 예리한 맛을 내는 포도가 생산됩니다. 그러나 상파뉴는 워낙 한랭한 곳이어서 매년 좋은 포도를 수확한다는 보장이 없습니다. 그래서 거의 다른 해에 생산된 와인을 블렌딩해 사용합니다. 샴페인 병에 빈티지 표기를 찾을 수 없는 이유입니다. 다만 특별히 어느 해에 유독 작황이 좋았다고 판단되면 샴페인 하우스는 아주 예외적으로 그 연도를 기념해 빈티지 샴페인을 내놓습니다. 빈티지 샴페인은 같은 샴페인이라도 가격이 더 비쌉니다.

고대 그리스와 로마시대에도 와인을 숙성시키면 탄산가스가 발생한다는 것을 알고 있었다고 합니다. 다만 이를 가둘 방법을 몰라 즐기지 못했던 것이죠. 사실 스파클링 와인은 프랑스 남서부 리무Limoux라는 곳에서 먼저 만들어졌습니다. 그러나 여기시 만들어진 스파클링은 찌꺼기가 그대로 있는 와인이었습니다. 그래서 리무에서는 스파클링을 투명한 잔이 아닌 색깔이 있는 잔에 마셨습니다. 그러나 상파뉴는 찌꺼기가 없는 샴페인을 만들었습니다. 상파뉴가 위대한 이유가 바로 이 때문입니다.

프랑스에서 생산된 스파클링이라고 할지라도 상파뉴에서 전통적인 '샴페인 방식Methode Champanois'에 따라 생산한 것만 '샴페인'이라는 이름을 붙일 수 있습니다. 아무리 샴페인 제조방식을 따랐다고 하더라도 다른 지역에서 제조된 와인은 '크레망Crement', '뱅 무쉐Vin Mousseux'로

구분해 표기합니다. 또 이탈리아에서도 스파클링 와인이 나오는데 이를 '스푸만테Spumante'라고 부릅니다. 독일에서는 '젝트Sekt', 스페인에서는 '까바Cava'로 부릅니다. 모두 같은 스파클링 와인이지만 생산방식은 조금씩 다릅니다.

샴페인은 입안을 살짝 자극하는 기포가 미세할수록, 또 기포가 오래갈수록 좋은 와인입니다. 입안에 살짝 머금어 기포를 느껴가며

샴페인 산업의 발전에 큰 기여를 한 피에르 페리뇽 수사의 부조

살살 굴려가며 신맛도 음미한 후 삼키면 더욱 맛있게 먹을 수 있습니다. 그러나 입속에서 너무 오래 머금으면 온도가 올라가 맛이 달라질 수 있습니다.

프랑스 왕 루이 15세의 애인이던 마담 드 퐁파두르는 유명한 샴페인 애호가였습니다. 샴페인을 너무 좋아해 샴페인 잔을 잡으면 바닥에 놓는 법이 없었다고 합니다. 덕분에 퐁파두르 샴페인 잔이 탄생하기도 했습니다. 퐁파두르 샴페인 잔은 바닥에 세울 수 없도록 잔 받침대를 만들지 않아 손으로 계속 들고 있어야 하는 잔입니다.

샴페인은 맛과 향이 좋지만 이처럼 매력적이고 로맨틱한 와인이기도 합니다.

자본력이 품질을 가르는
명품 샴페인

악마가 준 선물인 샴페인은 가장 자본 집약적인 와인으로 불립니다. 왜 그런지는 샴페인을 만드는 과정을 봐야 알 수 있습니다. 같이 따라가 볼까요.

샴페인을 만들려면 먼저 포도를 따야겠죠. 손으로 한 송이 한 송이 따야 합니다. 손 수확을 하는 이유는 송이째 압착해야 순수한 과즙만 뽑아낼 수 있기 때문입니다. 송이째 압착하는 이유는 송이를 구성하는 가지 등으로 인해 포도알에 압력이 덜 전해져야 타닌이 추출되지 않고 깨끗하고 좋은 과즙이 얻을 수 있습니다. 기계수확을 하면 포도가 알알이 떨어지기 때문에 상파뉴에서는 기계수확이 금지돼 있습니다.

좋은 과즙을 짜냈으니 이제 발효를 시작해야 합니다. 청포도인 샤르도네는 원래 투명한 빛깔을 띠지만 적포도인 피노 누아와 피노 뫼니에는 발효 초기에 아주 연한 로제와인 색깔을 띱니다. 하지만 걱정 안 해도 됩니다. 조금 지나면 와인이 투명해집니다. 효모가 색깔까지 다 먹어버리기 때문이죠.

발효가 끝났으니 이제 와인을 섞어야죠. 발효된 와인들을 품종별,

빈티지별, 마을별로 준비합니다. 이때 가장 중요한 역할을 하는 게 셀라 마스터Cellar Master입니다. 셀라 마스터가 일일이 맛을 보며 와인을 섞는데 이를 '아상블라주Assemblage'라고 합니다. 가장 중요한 과정입니다. 샴페인은 떼루아가 중요한 게 아니라 얼마나 많은 종류의 와인을 가지고 있는지에 따라 품질이 결정납니다. 블렌딩할 수 있는 샘플링 와인이 많을수록 유리하기 때문입니다. 좋은 와인을 다양하게 확보하려면 아무래도 자본력이 좋아야 하기 때문에 샴페인을 고를 땐 브랜드를 고르는 것입니다.

와인을 블렌딩했으니 이제 버블을 만들어야죠. 와인을 병에 담은 후 효모와 당분을 다시 넣어주고 밀봉합니다. 2차 발효를 진행하는 것입니다. 발효가 일어나면서 이산화탄소가 병 속에 갇히는 과정입니다. 효모와 설탕의 양에 따라 알코올 도수와 버블의 크기, 압력 등이 결정됩니다. 1차 발효를 마친 샴페인은 11% 정도의 알코올 도수를 보이는데 2차 발효 과정에서 알코올 도수가 1.5~2.0% 정도 올라갑니다. 이 정도의 알코올 도수만 높일 수 있도록 효모와 설탕의 양을 정밀하게 계산해 넣어야 합니다. 이게 나중에 샴페인의 압력과 기포의 크기를 결정하기 때문입니다. 진짜 핵심기술입니다.

2차 발효가 끝났으니 숙성을 진행해야 합니다. 죽은 이스트가 계속 병에 머물면서 스스로를 분해시키는데 샴페인 특유의 이스트 향이 바로 여기서 온 겁니다. 보통 숙성은 최소 1년에서 3년 정도 합니다. 그러나 돔 페리뇽 같이 샴페인을 잘 만드는 와이너리에서는 7년

샴페인 하우스의 작업자들이 샴페인 병을 조금씩 돌리는 리들링 작업을 하고 있다.

이상 진행하기도 합니다. 이렇게 하면 빵의 풍미가 아주 강하게 입혀집니다.

이제 숙성도 끝났습니다. 그러나 샴페인 작업은 이제부터 또 중요한 과정을 거쳐야 합니다. 이스트 찌꺼기를 제거해야 하는데 찌꺼기를 빼기 위해서는 병을 세워야 합니다. 그런데 병을 그냥 돌려서 세워버리면 다 터져버립니다. 압력이 좁은 병목으로 집중되기 때문입니다. 그래서 '리들링Riddling' 작업을 거쳐야 합니다. 병을 수평에서 수직으로 세우는 작업인데 사람이 일정 시간마다 일일이 아주 천천히 병을 살짝살짝 돌려가며 진행합니다. 무려 두세 달 걸리는 작업입니다. 그러나 요즘은 기계를 이용해 일주일 만에 세우기도 합니다.

아직 끝나지 않았습니다. 찌꺼기를 병 입구로 모았으니 찌꺼기를 빼야 합니다. 병 입구를 드라이아이스에 담갔다 뺍니다. 그러면 그 끝 부분이 슬러시처럼 변합니다. 철사를 열고 마개를 따서 이 슬러시를 제거한 후 부족

샴페인 코르크는 병 속의 강한 압력을 견디기 위해 일반 와인 코르크와 다른 형태를 하고 있다.

샴페인이 함께 올라 있는 식탁은
늘 아름답다.

해진 와인을 다시 채웁니다. 도자쥐Dosage 과정입니다. 여기서 듀Deux, 드미섹Demi Sec, 섹Sec, 엑스트라 드라이Extra Dry, 브뤼Brut, 엑스트라 브뤼Extra Brut, 브뤼 나뚜르Brut Nature 등의 와인이 결정됩니다.

이제야 샴페인이 완성됐네요. 코르크를 막고 철사망으로 감아주면 판매할 수 있습니다. 어떤가요. 샴페인은 이렇게 손도 많이 가고 작업의 과정도 복잡합니다. 샴페인이 가장 자본 집약적인 와인이라고 불리는 이유입니다.

얼음이 만드는 마법
- 아이스 와인

'뽀드득, 뽀드득'. 1월의 이른 새벽, 캐나다 온타리오 주의 한 포도밭에 커다란 나무 바구니를 든 일꾼들 한 무리가 어스름 속에 줄지어 들어옵니다. 북반구의 큰 물길인 나이아가라강이 마을을 돌아 흐르는 이곳 온타리오는 대지는 물론 새벽 공기마저 꽁꽁 얼어버렸습니다. 일꾼들이 허연 입김을 뿜어내며 돌덩이처럼 변한 포도송이를 하나씩 하나씩 따내기 시작합니다. 해가 떠오르기 전에 서둘러 일을 마쳐야 합니다. 바구니에 가득 담겨오는 얼음 포도들이 바로바로 커다란 기계 속으로 빨려들어 갑니다. '주르르륵, 또옥~ 똑…….' 지난 가을부터 매서운 추위를 견뎌낸 포도들이 쪼글쪼글해진 몸에서 꿀처럼 진득한 액체를 뱉어내기 시작합니다.

혹독한 자연이 주는 귀한 선물 '아이스 와인'은 이렇게 만들어집니

아이스 와인을 만들기
위해 해가 떠오르기 전
꽁꽁 언 포도를
수확하는 모습

다. 잘 빚은 아이스 와인은 고급스런 황금색을 띠고 있습니다. 입에 넣어보면 벌꿀처럼 진한 단맛을 기반으로 잘 익은 배, 오렌지, 살구 등의 향이 납니다. 그러면서도 기분 좋은 산미를 갖추고 있습니다. 여성들이 가장 좋아하는 와인이기도 합니다.

아이스 와인을 특징짓는 새콤달콤한 고급스런 단맛의 비밀은 바로 '얼음'에 있습니다. 포도가 서리를 맞아 추위에 노출되면 포도나무 는 포도알이 얼지 않도록 자체적으로 수분을 줄이게 됩니다. 살아남

수확을 앞두고 있는 꽁꽁 얼어붙은 포도
출처_필리터리 와이너리 인스타그램

기 위해 스스로 당도를 높여 어는점 을 낮추는 것이죠. 추위가 깊어질수 록 포도나무가 이런 과정을 반복하게 되면서 당도가 갈수록 높아지게 됩니 다. 그러나 한계치를 넘어가면 결국 포도송이는 땡땡 얼어붙게 됩니다.

여기서 다시 한 번 '얼음의 마법'이 일어납니다. 포도알의 수분이 언 상

태에서 부드럽게 압착해 당분만 빼내는 겁니다. 그래서 아이스 와인은 반드시 포도가 얼어 있는 상태에서 수확하고 포도 속 수분이 녹기 전에 바로 압착을 해야 합니다. 그래서 1년 중 가장 추운 1월 말에, 그것도 추위가 가장 절정을 이루는 새벽이나 밤에 수확을 하는 것입니다. 이렇게 뽑아낸 주스의 당도는 무려 35~39브릭스에 달합니다. 꿀의 당도가 40브릭스이니 거의 꿀과 다름없는 상태라고 봐도 됩니다.

캐나다 정부는 아이스 와인 생산을 'VQA^Vintners Quality Alliance'를 통해 철저하게 관리하고 있습니다. VQA는 '아이스 와인을 만들때 반드시 승인 받은 포도 품종을 사용해야 하고 수확은 섭씨 영하 8도 이하에서 이뤄지고 압착도 같은 온도 이하에서 행해져야 한다'고 규정하고 있습니다.

아이스 와인에 주로 사용되는 포도 품종은 리슬링^Riesling과 비달 블랑^Vidal Blanc입니다. 두 품종 모두 추위에 강하며 아로마가 아주 뛰어난 포도입니다. 독일은 리슬링을 많이 사용하고 캐나다는 비달 블랑을 주로 사용합니다. 리슬링 품종은 포도 자체의 아로마가 워낙 좋은

아이스 와인을 만드는 품종은 비달, 리슬링,
까베르네 프랑 등 다양하다.

데다 초록 사과를 베어 물은 것처럼 산미까지 뛰어납니다. 비달 블랑은 리슬링만큼 산미는 덜하지만 당분이 높아 파인애플, 망고, 멜론 등 열대과일

의 풍미를 보입니다.

이밖에도 게뷔르츠트라미너Gewürztraminer, 그뤼너 벨트리너Grüner Veltliner, 슈냉 블랑Chenin Blanc 같은 청포도 품종이 사용되며 까베르네 프랑이나 메를로 같은 적포도 품종으로도 만들어집니다. 특히 까베르네 프랑은 개성 강한 맛과 향으로 가격도 비싸게 팔립니다.

아이스 와인의 유래는 정확하게 기록된 게 없습니다. 다만 1794년 독일 프랑켄 지방에서 때 이른 서리가 내리면서 포도가 얼어버렸는데 나중에 포도를 먹어보니 기가 막히게 달았다고 합니다. 그래서 이를 와인으로 만들었더니 놀라운 맛의 달콤한 와인이 돼 있었다고 합니다. 이후 독일인들이 캐나다로 이주해 아이스 와인을 생산하면서 캐나다가 아이스 와인의 주요 생산국이 되게 됩니다. 지금은 독일과 더불어 캐나다 온타리오가 최고급 아이스 와인 생산지입니다.

아이스 와인은 비싼 와인입니다. 와인은 보통 좁고 기다란 병에 담겨 있는데 용량은 375㎖가 일반적입니다. 유명 생산자가 만든 와인의 경우 10만 원 안팎에 달합니다. 아이스 와인이 이처럼 비싼 것은 수확까지 시간이 많이 걸리는 데다 일반적인 와인에 비해 추출되는 생산량이 훨씬 적기 때문입니다.

아이스 와인을 만들려면 여름 한철동안 포도를 잘 키운 후 가을부터 '2차 재배'를 시작합니다. 아이스 와인으로 만들기 위해 포도의 당분을 높이는 과정입니다. 우선 새나 다른 짐승이 먹지 못하도록 포도나무를 그물로 된 보호망으로 감쌉니다. 또 포도의 당분이 응축될 때까지 매일 관리하고 다 익은 후에는 섭씨 영하 8도 이하의 극한 추위 속에서 포도를 손으로 일일이 따야 합니다. 오랜 시간 동안 노동력이 많이 들어가는 와인입니다.

아이스 와인은 디저트 와인으로 아주 훌륭한 모습을 보인다.
출처_필리터리 와이너리

아이스 와인은 당분이 응축된 상태에서 포도 과즙만 추출하기 때문에 많은 양의 포도가 필요합니다. 과즙 1ℓ를 얻기 위해 포도 10송이 이상이 들어간다고 합니다. 일반적인 와인보다 몇 배나 많은 양이 필요하니 값이 비쌀 수밖에 없는 구조입니다.

아이스 와인은 프랑스 소테른의 귀부와인처럼 '흐르는 황금'으로 불렸습니다. 지금은 단맛이 나는 음식이나 디저트가 흔해 귀한 대접을 받지 않지만 불과 200년 전인 1800년대만 해도 꿀처럼 달콤한 와인은 정말 귀한 몸값을 자랑했습니다.

유럽인들이 단맛을 처음 안 것은 2,000여 년 전입니다. 기원전 334년 알렉산드로스가 페르시아를 정복하고 여세를 몰아 인도로 쳐들어갈 때 현지 주민들이 사탕수수를 끓여 갈색의 가루를 얻는 것을 본 이후 유럽인들은 끊임없이 단맛을 갈구했습니다. 1500년대 대항해시대에는 유럽대륙에 향신료 못지않게 부를 안긴 것도, 영국이 삼각무역을 주도하면서 세계 패권을 쥐기 시작한 것도 설탕 때문이었습니다. 또 나폴레옹이 1800년 초 역사를 바꿀 뻔했던 '대륙봉쇄령'이 실패한 것도 영국으로부터 설탕을 수입하지 못하게 되면서 대륙의 결속이 흔들렸기 때문입니다. 이렇게 단맛이 귀하던 시절에 꿀처럼 달콤한 아이스 와인과 귀부 와인이 어떤 대접을 받았을지는 짐작이 가고도 남습니다.

아이스 와인은 차게 해서 마셔야 제맛이 납니다. 섭씨 7~10도에서 가장 맛있습니다. 사랑하는 사람과의 기념일이 가까워 온다면 아이스 와인과 아이스크림이나 치즈 케이크를 준비해보세요. 환상적인 마리아주Marrige를 경험할 수 있습니다.

타협을 거부한 고집이 만든 명품
- 바롤로

여리여리한 엷은 빛깔에 숨겨진 돌덩이보다 묵직한 와인…….

어떤 와인을 말하는지 감이 오나요. 와인을 좋아하는 사람이라면 짐작했겠지만 '와인의 왕'으로 불리는 이탈리아 명품 '바롤로Barolo'를 단적으로 표현한 말입니다. 바롤로는 이탈리아 피에몬테Piemonte 지방에서 재배되는 네비올로Nebbiolo 품종으로 만듭니다. 강력한 타닌과 싱그러운 장미 향, 톡 쏘는 특유의 신맛으로 반전에 반전을 주는 세상에서 가장 개성이 강한 와인입니다.

피에몬테 지방(붉은색 부분)

피에몬테 랑게(Langhe) 지역 포도밭 전경

　바롤로를 잔에 따라보면 물을 탄 와인처럼 빛깔이 아주 묽습니다.
얼핏 보면 하늘하늘한 질감이 특징인 피노 누아 와인처럼 보이기도
합니다. 그러나 입에 넣어보면 먼저 버석거리는 질감에 깜짝 놀랍니
다. 덜 익은 감을 한 입 베어 물었을 때처럼 떫은맛이 먼저 치아 사이
를 파고드는데 순식간에 입안의 수분을 다 **빼앗기는** 느낌이랄까요.
강력한 타닌은 치아와 입술 사이를 정말로 '뽀드득' 소리가 나게 만
들 수도 있습니다.

　바롤로는 장미와 담배 향, 흙냄새 등 싱그러우면서도 복합적인 향
이 강합니다. 일부 전문가들은 고무가 타는 냄새와 비슷한 타르 향
도 느껴진다고 합니다. 특히 입안을 얼얼하게 만드는 강한 신맛도
특징입니다.

와인을 입에 넣어보면 과실 향인 아로마와 산도가 먼저 느껴지고 그다음에 타닌이 뒤따라 들어오는 게 일반적인데, 바롤로 와인은 타닌이 워낙 강해 순서가 뒤바뀌어 들어오는 경우가 많습니다. 특히 빈티지가 어린 와인일수록 더 그렇습니다. 그래서 이탈리아 정부는 바롤로 와인을 배럴에서 2년, 병입해서 1년 등 최소 3년을 숙성시켜야 판매할 수 있도록 법으로 정했습니다. 바롤로 리제르바급은 최소 5년 이상 숙성을 해야 판매가 가능합니다. 다른 일반적인 와인의 숙성기간은 리제르바급이 1년 6개월이나 2년 정도인 것에 비교하면 2배가 더 긴 셈입니다. 그런데 바롤로 와인은 족히 10년은 지나야 제맛이 난다고 합니다.

바롤로 와인은 불과 한 세기 전까지만 해도 유명한 와인이 아니었습니다. 지금은 강력한 타닌과 특유의 신맛으로 구조감이 단단한 풀바디 와인의 대명사로 통하지만 1800년대 중반까지는 서칠기만 한 타닌에 특유의 신맛과 달달한 맛이 섞인, 균형이라곤 찾아볼 수 없는 정말 촌스런 와인이었습니다. 품종이 달라진 것도 아닌데 무슨 일이 있던 것일까요.

바롤로 와인을 만드는 네비올로 품종은 워낙 만생종이어서 10월 중순이 지나야만 수확할 수 있었습니다. 그러다 보니 와인을 발효시키는 도중에 날씨가 추워져버려 발효가 멈췄습니다. 당시 생산된 바롤로 와인을 마셨다면 특유의 시고 떫은맛에 발효까지 덜 돼 당분이 그대로 남아 있어 아마도 고개를 설레설레 흔들었을지도 모릅니다.

로베르토 보에르지오가 자신의 와이너리에서
수확한 네비올로 포도를 들고 있다.
출처_로베르토 보에르지오 홈페이지

비에띠 와이너리의 포도 수확 모습
출처_비에띠 홈페이지

그런 바롤로 와인이 1835년부터 확 달라집니다. 피에몬테의 한 와이너리에서 포도밭을 관리하던 파올로 스타글리에노Paolo Francesco Staglieno라는 사람이 바롤로를 완전히 발효시키는 방법을 찾아냅니다. 그 비법은 전해오지 않지만 스타글리에노는 바롤로 와인을 외국으로 수출할 수 있을 정도로 고품질의 와인을 만들었다고 합니다.

1900년대로 넘어오면서 바롤로는 또 한 번 품질이 좋아지게 됩니다. 피에몬테 바롤로 지역 몬포르테 출신의 쟈코모 콘테르노Giacomo Conterno는 자신이 생산하는 바롤로 와인의 숙성을 더 오랫동안 진행해 네비올로 특유의 타닌을 부드럽고 진하게 만들어 지금과 가까운 최고의 와인을 만들어냅니다.

네비올로는 껍질이 워낙 두꺼워 일정 기간 숙성을 진행해도 타닌이 좀체 다스려지지 않는데다 생산자의 능력과 생산지에 따라 품질이 너무나 차이가 났습니다. 이 때문에 와이너리들은 숙성을 길게 하지 않고 곧바로 출시했습니다.

하지만 쟈코모는 기존의 조기 출하 방식을 거부하고 숙성을 오래 진행하면서 마침내 획기적인 품질 향상을 이뤄냅니다. 숙성기간을 길게 가져간다는 것은 와이너리 입장에서는 큰 모험이었습니다. 그만큼 투입한 자금의 회수가 늦어지고 이는 곧 파산의 위험을 감수해야 하는 것이었습니다.

그러나 장기숙성을 통해 타닌이 잘 다스려진 바롤로는 그 맛이 정말 기가 막혔습니다. 아마도 쟈코모는 네비올로의 거칠고 강한 타닌을 오래 숙성하면 묵직하고 부드러운 최고의 와인이 된다는 것을 정확하게 알고 있었던 것 같습니다. 쟈코모의 타협을 거부한 고집이 결국 이탈리아를 대표하는 명품 와인을 만든 것입니다.

이탈리아를 대표하는 명품 와인이 된 바롤로는 2000년대 들어 다시 변화의 움직임을 시작합니다. 떼루아에 맞춰 밭을 쪼개고 그 밭

현대적인 생산자 중
선두주자로 꼽히는
로베르토 보에르지오
와이너리의 바롤로 체레퀴오

전통적 바롤로의
선구자로 꼽히는
쟈코모 콘테르노 몬포르테
리제르바

현대적 바롤로를 만드는
유명 생산자 포데리 알도 콘테르
노(Poderi Aldo Conterno)의
시그니처 그랑 부시아

에 등급을 매기는 방식을 도입한 것이죠. 부르고뉴가 잘게 쪼개진 포도밭을 구분해 등급을 매긴 것과 아주 똑같습니다. 체레퀴오Cerequio, 브루나테Brunate 같은 밭은 프랑스 부르고뉴 본 로마네Vosne-Romanee 마을의 '로마네 꽁띠Romanee Conti'처럼 최고의 밭으로 취급받습니다.

모던 바롤로의 거장
로베르토 보에르지오의 포도밭.
극단적인 솎아내기 재배로
최고 품질의 바롤로를 만들기로 유명하다.
출처_로베르토 보에르지오 홈페이지

오늘 저녁 메뉴로 육즙이 줄줄 흐르는 양고기를 계획하고 있나요. 아니면 마블링이 예쁘게 박힌 쇠고기가 더 당기나요. 강력한 타닌이 기름진 입속을 개운하게 만드는 바롤로 와인, 이 두 가지 메뉴에 정말 기막히게 잘 어울립니다.

점점 부르고뉴를 닮아가는
바롤로

바롤로 와인이 만들어지는 피에몬테주 바롤로는 '풋 오브 마운틴 Foot of Mountain'이라는 어원을 가지고 있는 곳으로 그만큼 산자락에 위치한 서늘한 곳입니다. 실제로 프랑스와 스위스를 가로지르는 알프스 산맥과 이탈리아의 척추로 불리는 아펜니노 산맥의 아래에 위치해 있습니다.

바롤로를 만드는 네비올로Nebbiolo 품종은 안개라는 뜻의 '네비아 Nebbia'에서 비롯된 이름입니다. 강력한 타닌과 높은 산도가 특징으로 산딸기, 체리, 라즈베리 등 붉은색 과실 향과 장미꽃 향도 가지고 있습니다. 약간의 타르 냄새도 스쳐 갑니다. 숙성이 되면 트러플 향과 시가박스 향이 납니다. 옅은 와인 색과 다르게 풀바디 와인으로 기본적으로 알코올 도수가 14% 이상이 나옵니다. 워낙 개성이 강해 다른 포도와 블렌딩이 불가능합니다.

바롤로는 와인 자체의 색이 연하

바롤로 DOCG 지도

기도 하지만 색도 금방 빠집니다. 조금만 숙성시켜도 금세 오렌지 빛으로 바뀝니다. 바롤로는 반드시 오랜 숙성을 거쳐야 합니다. 최소 3년 이상, 리제르바급은 5년 이상 진행합니다. 그러나 제대로 된 맛을 내려면 10년을 묵혀야 한다고 합니다.

바롤로는 전통적 기법의 생산자와 모던한 현대적 기법의 생산자로 나뉩니다. 전통적 기법으로 생산된 바롤로는 아주 강한 와인입니다. 오크 향을 덜 입히기 위해 슬로베니아산 큰 발효조에서 발효를 진행하고 침용도 한 차례 더 진행합니다.

반면 현대적인 바롤로는 스테인리스 스틸 통에서 발효를 진행하며 침용도 짧게 합니다. 타닌을 줄여 떫지 않고 부드러운 와인을 만들기 위해서입니다. 그러나 숙성은 작은 오크에 합니다. 현대적인 바롤로를 만드는 생산자들을 바롤로 보이즈라고도 합니다.

바롤로는 11개 마을에서 생산되는데 바롤로^{Barolo}, 라 모라^{La Morra}, 세

피에몬테 지방은 이탈리아 반도 북쪽에 위치해 상당히 서늘한 기후를 보인다.

라룽가 달바Serralunga d'Alba, 몬포르테 달바Monforte d'Alba, 카스틸리오네 팔레토Cstiglione Falletto가 가장 유명합니다. 생산량도 이 다섯 곳이 80~90% 이상을 차지합니다.

바롤로와 라 모라는 서쪽의 이회토 토양에 위치해 있습니다. 부드러운 맛의 바롤로가 나옵니다. 반면 세라룽가 달바, 몬포르테 달바, 카스틸리오네 팔레토는 동쪽의 사암 지역에 있습니다. 사암은 강력한 스타일의 바롤로를 만듭니다.

유명 생산자로는 전통적 바롤로를 만드는 지아코모 콘테르노Giacomo Conterno, 바르톨로 마스카렐로Bartolo Mascarello, 주세페 리날디Giuseppe Rinaldi가 있습니다. 또 현대적 바롤로를 만드는 파올로 스카비노Paolo Scavino, 루치아노 산드로네Luciano Sandrone, 엘리오 알타레Elio Altare, 로베르토 보에르지오Roberto Voerzio 등도 유명합니다.

바롤로를 얘기할 때 늘 함께 따라붙는 '와인의 여왕'이 바르바레스코입니다. 역시 네비올로 100%로 만드는 와인으로 바롤로와 비슷하지만 조금 더 부드럽고 섬세한 와인입니다. 숙성기간이 조금 짧아 숙성은 2년, 리제르바는 4년입니다. 안젤로 가야Angelo Gaja와 브루노 지아코사Bruno Giacosa가 유명 생산자입니다.

틀을 깨니 새로운 세계가 열리다
- 수퍼 투스칸

"진한 루비빛에 숨겨진 강렬하고 부드러운 타닌, 장미꽃을 안고 있는 듯한 꽃향기와 그와 어우러지는 독특한 스파이스."

2018년 미국의 와인전문지 『와인 스펙테이터 Wine Spectator』가 '2018년 100대 와인' 중 이 와인을 1위로 꼽았는데 전문가들은 느낌을 이렇게 표현합니다. 바로 이탈리아 수퍼 투스칸Super Toscana의 원조 테누타 산 구이도Tenuta San Guido의 사시까이아 입니다. 와인업계의 미쉐린 가이드로 불리는 『와인 스펙테이터』는 그해 출시된 1만 5,000여 종의 와인을 대상으로 매년 '올해의 100대 와인'을 발표

수퍼 투스칸의 원조
사시까이아(Sassicaia)

하는데 사시까이아 2015 빈티지를 1위로 선정한 것입니다.

1968년 세상에 처음 얼굴을 내민 사시까이아는 틀에 얽매이기 싫어하는 이탈리아 사람을 가장 많이 닮은 와인입니다. 까베르네 소비뇽 85%, 까베르네 프랑 15%. 사시까이아의 블렌딩 비율입니다. 이탈리아의 원산지 표시 규정 DOCG^{Denominazione di Origine Controllata Garatita),} DOC(Denominazione di Origine Controllata와 전혀 들어맞지 않습니다. 이 규정은 와인을 만들 때 이탈리아 토착 품종 외에는 사용할 수 없으며 일정 비율(10%)의 청포도를 포함해야 하고, 숙성기간도 최소 2년 이상 슬로베니아산 큰 나무통을 사용하도록 규정하고 있습니다.

그러나 사시까이아는 이탈리아 토착 품종도, 슬로베니아산 큰 나무통도 사용하지 않습니다. 프랑스 보르도가 원산지인 까베르네 소비뇽, 까베르네 프랑을 사용하고 프랑스산 작은 오크인 '바릭^{Barrique}'에서 숙성시킵니다. 그냥 완전히 보르도 와인입니다.

토스카나의 대표 품종인 산지오베제^{Sangiovese}로 와인을 만드는 와이너리들은 사시까이아 와인을 놓고 "제대로 된 산지오베제 와인을 만들지 못하니까 보르도 와인을 만드는 것"이라고 폄훼했습니다. 그러나 사시까이아는 출시되자마자 놀라운 품질로 이탈리아는 물론 전 세계 와인시장을 충격에 빠뜨립니다. 만일 흥행이 그저 그랬다면 그냥 '이단아' 정도의 평가에 그쳤겠지만 사시까이아의 엄청난 성공은 '혁신'을 넘어선 '혁명'으로까지 인정받게 됩니다.

하지만 사시까이아의 첫 시도는 그리 혁신적이지 않았습니다. 사

시까이아를 만든 '테누타 산 구이도'의 마리오 인치사 델라 로케타 Mario Incisa della Rocchetta 후작은 1944년부터 토스카나 볼게리Bolgheri에 위치한 자갈 가득한 자신의 포도밭에서 보르도 포도 품종을 심어 재배

사시까이아를 만든
마리오 인치사 델라 로케타(왼쪽)
출처_테누타 산 구이도

하기 시작합니다. 프랑스 유학 시절부터 보르도 와인 애호가였지만 제2차 세계대전 이후 양국 갈등으로 수입이 되지 않자 직접 포도를 심어 와인을 만들기로 작정한 것이었습니다. 묘목은 프랑스 보르도 5대 샤또 중 으뜸으로 꼽히는 샤또 라피트 로췰드에서 가져온 까베르네 소비뇽이었습니다.

1948년 마침내 사시까이아가 탄생합니다. 원래 사시까이아는 와인을 만들기 전부터 시장에 출시할 마음이 없었고 가족끼리 즐기기 위해 만든 와인이었지만 그 품질은 기대와 달리 실망을 넘어 거의 절망에 가까웠다고 합니다. 그는 보르도 재배 방식처럼 포도나무 수확량을 인위적으로 줄이고 프랑스산 오크통까지 써봤지만 보르도에서 마셨던 와인 맛이 아니었습니다.

그러나 이 와인은 1965년 스타 와인메이커 쟈코모 타키스Giacomo Tachis를 만나면서 완전히 다른 와인으로 태어납니다. 쟈코모는 이탈리아 유명 와이너리 '안티노리Antinori' 소속 와인메이커로 오너인 피에로 안티노리Piero Antinori가 자신의 이모부인 마리오 인치사 후작을 위해

이탈리아 토스카나 볼게리에 위치한 오르넬라이아 와이너리에서 관계자가
포도송이를 따 포도 맛을 보고 있다.
출처_오르넬라이아 홈페이지

파견한 사람이었습니다.

쟈코모가 까베르네 소비뇽 포도를 디른 밭으로 옮겨 심도록 하고
와인을 만들 때 까베르네 프랑과 메를로를 섞는 것을 조언하면서 사
시까이아가 환상적인 와인으로 바뀐 것이죠.

이렇게 만들어져 1971년 출시한 사시까이아(1968년 빈티지)는 이탈
리아 와인업계를 충격에 빠뜨립니다. 이탈리아 토착 품종이 아닌 프
랑스 품종인 까베르네 소비뇽, 까베르네 프랑, 메를로를 활용한 블
렌딩 기법과 프랑스산 오크인 바릭을 사용한 숙성 등 통한 마리오
후작의 '혁신'은 다른 와이너리를 자극하기에 충분했습니다. 더구나
'토스카나의 불모지'로 불리는 중부 구릉지대 볼게리에서 이처럼 뛰

어난 와인이 나올 수 있다는 것을
보여준 것은 그야말로 '충격', 그 자
체였습니다.

그러자 안티노리도 그해 산지오
베제에 약간의 까베르네 소비뇽을
섞은 '티냐넬로Tignanello'를 출시합니
다. 또 그 밭에서 가장 좋은 까베르
네 소비뇽 포도만을 골라 산지오베

볼게리 포도밭 전경

제를 블렌딩한 '솔라이아Solaia'를 내놓으면서 이탈리아 전역에서 품
질 혁신운동이 불붙기 시작합니다. 이후 오르넬라이아Ornellaia, 마세토
Masseto 수퍼 투스칸들이 줄줄이 나오게 됩니다.

사시까이아는 2013년 이탈리아 정부로부터 '사시까이아 DOC'를
받게 되면서 또 한 번 새로운 역사를 씁니다. 볼게리 DOC가 있지
만 사시까이아만의 제조방식에 DOC를 인증한 것입니다. 따라서 사

마세토　　　　　솔라이아　　　　오르넬라이아　　　　티냐넬로

시까이아 DOC 인증은 이탈리아 품종이 아닌 까베르네 소비뇽을 메인 품종으로 80% 이상 사용해 블렌딩으로 와인을 만들어야 합니다. 현지 업계에서는 사시까이아 제조방식이 조만간 한 단계 더 높은 DOCG 인증을 받을 것으로 보고 있습니다.

수퍼 투스칸의 혁신은 대서양을 건너 미국의 나파 밸리^{Napa Valley}에서도 일어났습니다. 케인 파이브^{Cain Five}, 오퍼스 원^{Opus one}, 도미누스^{Dominus}, 인시그니아^{Insignia} 등 이미 일반인이 접하기 쉽지 않은 명품 와인으로 자리 잡은 '메리티지^{Meritage} 와인'이 그것입니다.

미국의 와인생산규정은 AVA^{American Viticultural Areas}를 통해 그 지역명을 적은 곳에서 생산된 포도를 85% 이상 사용해야 하고, 해당 지역을 대표하는 포도품종 75%를 포함해야 합니다. 그러나 1980년대 들면서 캘리포니아 나파밸리에서 이 같은 규정을 거부하는 사람들이 하나둘씩 생겨나기 시작했습니다. 이들은 주 품종 비율을 낮추거나 다른 두 가지 이상의 품종을 섞으면 맛이 더 좋아진다는 것을 이미 알고 있었습니다.

메리티지 와인은 이 AVA 규정을 지키지 않고 빚은 특급 와인을 말합니다. 이들은 레드 와인에 까베르네 소비뇽, 메를로, 말벡^{Malbec}, 까베르네 프랑, 쁘띠 베르도 등 다양한 품종을 섞습니다. 케인 파이브의 경우만 보더라도 까베르네 소비뇽 비율을 47%로 낮추고 메를로 25%, 까베르네 프랑 24%, 쁘띠 베르도 4%, 말벡 3%를 섞어 만듭니다. 인시그니아는 까베르네 소비뇽 84%, 쁘디 베르도 10%, 메를로

3%, 말벡 3%의 비율로 블렌딩됩니다. 오퍼스 원도 까베르네 소비뇽 80%, 쁘디 베르도 7%, 까베르네 프랑 6%, 메를로 5%, 말벡 2%의 비율로 비슷한 구조를 보입니다.

지금 모든 사람에게 존중받는 전통도 그 당시엔 파장을 일으키던 혁신이 하나둘씩 쌓여온 것은 아닐까요.

토스카나 와인의 역사가 된
안티노리

　수퍼 투스칸을 말할 때 흔히 사시까이아, 티냐넬로, 솔라이아, 오르넬라이아, 마세토를 꼽습니다. 이 와인들은 모두 이탈리아 최고의 와인명가 안티노리와 연관이 있습니다.

　사시까이아를 만들어낸 마리오 인치사 델라 로케타 후작은 안티노리 와이너리 오너인 피에로 안티노리^{Piero Antinori}의 이모부입니다. 피에로 안티노리는 1971년 사시까이아를 시장에 출시하도록 이모부를 설득해서 오늘날 인기 있는 수퍼 투스칸의 새로운 물줄기를 만들게 됩니다.

　피에로 안티노리는 1971년 자신의 티냐넬로 밭에서 나는 산지오베제에 약간의 까베르네 소비뇽을 섞어 '티냐넬로^{Tignanello}'를 만들어냅니다. 프랑스 바리크를 거쳐 나온 티냐넬로도 큰 인기를 얻습니다. 피에로 안티노리는 또 1978년 티냐넬로 옆에 있는 솔라이아 밭에서

피에로 안티노리 오너 일가
출처_안티노리 홈페이지

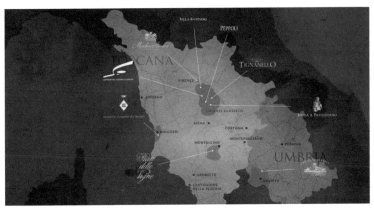

안티노리 와이너리의 포도밭과 와인들
출처_안티노리 홈페이지

고급버전인 '솔라이아' 와인을 출시합니다.

피에로 안티노리의 동생 로도비코 안티노리Lodovico Antinori도 수퍼 투스칸 와인에 합류합니다. 그는 자신이 보유하고 있던 안티노리 지분을 모두 형에게 넘기고 볼게리 사시까이아 옆의 포도밭을 사들입니다. 그리고 미국 나파밸리의 스타 와인메이커를 데리고 와 컨설팅을 받아 1985년 '오르넬라이아'를 만들어냅니다. 오르넬라이아 밭은 사시까이아와 달리 점토질이 많아 메를로를 많이 심었습니다. 그래서 메를로 위주로 블렌딩합니다. 로도비코 안티노리는 그 이듬해인 1986년 오르넬라이아에서 나는 최상급 메를로를 사용해 '마세토 Masseto'를 만들어냅니다. 마세토는 '이탈리아의 페트뤼스'로 불리는 독보적인 품질의 와인입니다. 그러나 오르넬라이아 와이너리는 미국 로버트 몬다비에게 소유권이 넘어간 뒤 다시 이탈리아 와인 명가 프레스코발디Frescobaldi에게 넘어갑니다.

이탈리아를 대표하는 수퍼 투스칸 와인들은 이렇게 안티노리에 의해서 시작되고 발전돼왔습니다.

이탈리아 와인을 말할 때 우스갯소리로 '~아이아aia'로 끝나는 와인은 비싼 와인이라는 말을 합니다. 실제 그렇습니다. 접미사 '아이아aia'는 '많다'라는 뜻입니다. 사시까이아Sassicaia는 '조약돌이 많은 곳'이라는 뜻이며 솔라이아Solaia는 '태양빛이 많은 곳', 오르넬라이아Ornellaia는 '물푸레나무가 많은 곳'이라는 의미를 담고 있습니다.

실수와 우연이 빚은 명품
- 아마로네

"어이쿠, 이거 큰일 났네. 발효가 너무 돼서 단맛이 하나도 없네. 알코올 도수도 너무 높잖아. 아, 이걸 어떻게 내다 팔지?"

아마로네 와인이 나는 베네토주는 이탈리아 반도 윗쪽에 위치해 있다.
출처_토마시 와인

1900년 초 이탈리아 베네토 주 베로나지역 발폴리첼라Valpolicella의 한 와이너리. 눈꼬리가 잔뜩 치켜 올라간 양조책임자 앞에서 한 젊은 직원이 안절부절 못하고 있습니다. 와인 발효조의 온도 관리를 담당하고 있는 이 직원은 최근 사귀기 시작한 여자 친구와 시간 가는 줄 모르고 놀다가 그만 발효를 멈춰야 하는 작업 시간을 놓쳐버린 것이었습니다. 덕분에 와인은 포도 당분이 모두 발효돼 단맛이 거의 사라졌습니다. 이 지역은 와인을 달달하게 만들어 먹는 곳인데 단맛이 없는 와인은 판로가 막혔다는 것을 의미했습니다.

이탈리아 3대 와인 중 하나로 꼽히는 '아마로네Amarone' 와인은 100여 년 전 이렇게 탄생했습니다. 아마로네의 본고장인 베네토 지역의 발폴리첼라는 로마 시대부터 최고급 와인산지로 유명한 곳이었습니다.

이 지역은 달달한 맛의 와인을 선호했습니다. 그래서 1,500년 전부터 와이너리들은 9월 말에 포도를 수확한 뒤 바로 압착해 와인을 만들지 않고 포도를 3~5개월 정도 말린 후에 와인을 만들었습니다. 가장 좋은 포도송이만 골라 주로 바람이 잘 통하는 건물 2층 공간에서 대나무로 엮은 발이나 볏짚 등의 위에서 넓어놓고 말리는데 이를 '아파시멘토appassimento' 기법이라고 합니다. 그렇게 몇 달을 곰팡이가 피지 않게 잘 건조시키다가 포도알의 부피가 절반 정도로 줄어들게 되면 그때 압착해서 와인을 만들기 시작합니다. 당도가 높을수록 고급 와인으로 인정받기 때문에 포도 속 수분을 줄여 당도를 높인 후 와인을 만든 것이죠. 이 지역에서 가장 고급 와인으로 손꼽히는

포도가 대나무 발에서 3개월 이상 말라가며 쪼글쪼글해지기 시작하면 당분이 축적된다.
출처_마시 홈페이지

마시(Masi) 와이너리에서 포도를 널어 말리는 모습
출처_마시 홈페이지

레초토^{Recioto} 와인이 이런 방식으로 만들어집니다.

와인은 포도 속에 있는 당분이 효모와 만나 알코올과 이산화탄소로 바뀌는 과정을 통해 만들어집니다. 레초토 와인은 일정 수준의 알코올 도수를 확보한 후 발효를 멈춰야 와인에 달달한 맛이 남아 있게 됩니다. 그런데 아마로네 와인은 이 시기를 놓쳐버린 것이죠. 그래서 아마로네 와인의 이름도 '달지 않고 쓰다'는 뜻의 '아마레^{Amare}'에서 유래됐습니다.

그런데 달콤한 맛의 와인을 기대했다가 실망한 양조책임자의 생각과 달리 쌉싸름한 맛의 아마로네 와인은 새로운 세계를 열어젖힙니다. 달지 않으면서도 독특한 풍미와 깊은 맛을 가진 풀바디 와인을

베네토 발폴리첼라 지역의 왕이라 불리는
달 포르노 로마노의 와인들.
왼쪽부터 발폴리첼라, 아마로네,
레초토 와인이다.
출처_달 포르노 로마노 홈페이지

맛본 전문가들의 찬사가 이어집니다. 아마로네 와인은 금세 사람들의 입맛을 사로잡았습니다. 우연한 실수가 명품을 만든 것이죠. 이후 아마로네 와인은 바롤로, 브루넬로 디 몬탈치노와 함께 이탈리아를 대표하는 와인이 됩니다.

아마로네 와인은 세계적으로도 강렬하고 묵직한 맛을 내는 와인으로 이름이 높습니다. 아마로네 와인을 잔에 따라보면 잉크 빛보다 더 어두운 색깔을 띱니다. 일부 전문가들은 새까만 연탄색이라고 표현하기도 합니다. 이처럼 색깔이 짙은 이유는 침용 과정에서 오래 시간 동안 포도껍질에 있는 색깔을 모두 빼내기 때문입니다.

아마로네 와인을 잔에 따른 후 코를 들이밀면 일반적인 와인과 달리 알코올 냄새가 좀 강하게 납니다. 포도를 말리는 과정에서 응축된 당분이 모두 알코올로 치환돼 알코올 도수가 높아진 때문이죠. 아마로네 와인은 많게는 알코올 도수가 17% 혹은 18%까지 치솟습니다. 그래서 알코올 도수가 15% 정도인 와인들은 잔당이 살짝 남아 있습니다.

와인을 입속에 넣어보면 붉은색 과실 위주의 찐득하게 졸인 과일

아마로네 와인의
주요 품종이 되는 코르비나 포도

향이 무척이나 인상적입니다. 묵직하게 혀를 누르는 질감이 특징이며 높지는 않지만 적절한 산도도 갖추고 있습니다. 삼키고 난 후에 매끄럽고 잘게 쪼개져 들어오는 타닌도 아주 고급스럽습니다.

그러나 뒷맛에서는 그래도 단맛이 살짝 느껴집니다. 아마로네 와인은 포도를 말려서 사용하기 때문에 워낙 당도가 높아 원하는 알코올 도수에 도달하고도 당분이 남아 있기 때문입니다. 물론 와이너리의 취향에 따라 당도를 아예 없애는 경우도 있지만 대

토마시 와이너리에서 한 작업자가 포도를 따고 있다.
출처_토마시 와인 홈페이지

부분의 와이너리는 약간의 단맛을 남겨두고 있습니다.

아마로네 와인에 사용되는 포도는 코르비나 Corvina, 론디넬라Rondinella, 몰리나라Molinara입니다. 모두 이탈리아에서 나는 토착 품종으로 코르비나가 주요 품종으로 쓰이며 블렌딩 비율은 와이너리마다 조금씩 차이가 있습니다. 코르비나는 향기로운 과일 향으로 와인의 아로마를 담당하며, 론디넬라는 아마로네 와인의 색깔을 더욱 짙게 만드는 역할을 합니다. 또 몰리나라는 산도를 높여주는 역할을 합니다. 일부 고가 아마로네 와인은 매우 희귀한 이탈리아 고유 포도 품종인 오세레타Oseleta도

마시 와이너리에서 고대 베로네스 품종인 오세레타로만 빚은 오사르
출처_마시 홈페이지

사용합니다. 포도알과 송이가 작아 '자은 참새'를 뜻하는 포도로 향이 아주 좋습니다.

베로나 북쪽 발폴리첼라 지역을 대표하는 와인은 발폴리첼라, 레초토, 아마로네 세 가지입니다. 발폴리첼라는 포도를 따서 바로 압착해 만드는 와인으로 가볍고 신선한 맛이 좋습니다. 또 포도를 말려서 와인을 만들면 레초토와 아마로네 와인이 됩니다. 발효를 하다가 중간에 멈추면 단맛이 나는 레초토 와인이 되고, 발효를 모두 시키면 쌉싸름한 맛이 일품인 아마로네 와인이 되는 것이죠.

아마로네 와인은 2년 이상 오크 숙성을 거쳐 시장에 나오는데 일

부 와이너리들은 10년 동안 숙성을 시킨 후 내놓기도 합니다. 워낙 묵직한 와인이라 시장에 나온 후에도 최소 3~4년 정도는 기다렸다가 먹는 것이 좋습니다. 향이 강한 육류나 강한 맛의 치즈 등과 특히 잘 어울립니다.

아마로네 와인이 만들어지는 베네토 지방은 셰익스피어의 희곡 『로미오와 줄리엣』의 배경이 된 곳이기도 합니다. 달콤하지만 쌉싸름한 다크 초콜릿을 연상시키는 아마로네 와인이 연인들의 사랑을 닮아서인지 서양에서는 사랑을 속삭이는 장소에서는 아마로네 와인을 테이블에 올리는 경우가 많다고 합니다. 오늘 밤 사랑과 함께하는 자리인가요. 라벨이 예쁜 아마로네 한 병 챙기면 어떨까요.

근대 사람들은
왜 단맛에 열광했을까

'맛이 달다'라는 말은 미식 세계에서 '맛이 좋다'는 것을 의미합니다. 입맛에는 분명 개개인의 편차가 있을 텐데 '달다'라는 말은 어째서 '맛있다'라는 의미와 상통하게 됐을까요.

먼 옛날 원시인들은 먹을 게 눈앞에 있으면 허겁지겁 삼켰습니다. 음식의 맛을 음미하기는커녕 요즘말로 "흡입한다"라는 표현이 어울릴 정도로 급하게 먹었습니다. 이는 사냥과 채집이 주를 이루던 시기에 불규칙적으로 생기는 식사 기회에 양껏 먹어놓지 않으면 나중에 허기에 시달릴 수 있다는 거정 때문이었습니다. 그래서 인류의 DNA에는 "지금 먹지 못하면 나중에 굶을 수도 있다"는 걱정이 본능처럼 깊이 각인돼 있다고 인류학자들은 말합니다.

지금의 현대인들 대다수는 비만을 걱정하지만 인류 대다수는 불과 수십 년 전까지만 해도 기아를 걱정해야 했습니다. 즉, 인류는 200만 년 전 지구상에 등장해 지금까지 살아오면서 거의 절대적인 99.999% 이상의 기간 동안은 끼니를 걱정했다는 것이죠.

인류는 원시 때부터 몸을 움직이는 데 당장 필요한 에너지인 단백질과 포도당을 본능적으로 선호했습니다. 오늘날 현대인들이 고기

사탕수수 밭에서 작업자들이
사탕수수 줄기를 나르고 있는 모습

설탕의 재료가 되는
사탕수수 줄기

에 열광하고, 단맛을 먼저 찾는 이유입니다.

단맛의 대명사인 설탕은 지금이야 흔한 식재료지만 불과 100여 년
전만 해도 쉽게 구경할 수 있는 게 아니었습니다.

기원전 327년 페르시아를 정복하고 인도에 다다른 알렉산드로스
는 벌이 없이도 꿀처럼 단맛을 내는 사탕수수에 너무 놀랐습니다.
인도에서는 이미 수천 년 전부터 사탕수수를 재배해 설탕을 만들어
먹었지만 설탕을 처음 본 유럽인에게는 쇼크 그 자체였습니다. 이후
유럽에서는 설탕이 약으로 쓰이며 은과 같은 무게로 바꿔졌습니다.

설탕은 1500년대 대항해 시대 때 세계 역사의 흐름을 바꿔놓습니
다. 1492년 콜럼버스가 아메리카 대륙에 상륙한 후 카리브해 아이티
섬을 시작으로 쿠바, 자메이카, 페루, 콜롬비아, 베네수엘라 등 아메
리카 대륙 전체가 사탕수수 농장으로 변하게 됩니다. 1600년대 설탕
제조업은 당시 가장 큰 돈을 벌어주는 사업이었고 유럽에 엄청난 부
를 안겨다 줍니다. 특히 스페인과 네덜란드, 영국이 사탕수수 산업을

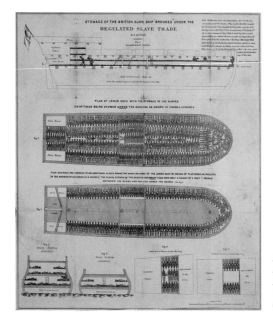

노예무역선의 구조를
그린 모습.
노예들은 이런 배에
짐짝처럼 차곡차곡 쌓여
아메리카 대륙으로 끌려갔다.

놓고 치열하게 경쟁하지만 결국 사탕수수 재배에 가장 적합했던 지
메이카를 차지한 영국이 설탕 무역 주도권을 쥐게 됩니다.

　설탕은 나폴레옹 시대에도 역사를 뒤흔듭니다. 1805년 영국과의
트라팔가 해전에서 참패한 나폴레옹이 분을 삭이지 못하고 대륙 봉
쇄령을 내립니다. 영국 상선이 유럽에 상륙하는 것을 막는 것으로
사실 '영국 왕따령'이란 말이 더 맞는 말이었습니다. 그러자 영국은
세계 최강의 해군력을 동원해 유럽 식민지에서 들어오는 모든 물자
를 해상에서 차단합니다. 이로 인해 설탕 가격이 하루가 다르게 치
솟습니다. 유럽인들은 매일 아침마다 먹는 홍차는 물론이고 초콜릿,

잼 등을 제대로 먹을 수 없게 됩니다. 오히려 대륙이 봉쇄당하게 된 것이죠.

유럽이 흔들리자 나폴레옹은 반발하는 나라에 군사적 응징을 가하기 시작합니다. 러시아 원정도 이 때문에 시작됐습니다. 그러나 결국 나폴레옹이 패전하면서 유럽 역사의 물줄기가 바뀌게 됩니다.

설탕이 귀하던 시기에 단맛이 나는 와인은 최상의 품질을 의미했습니다. 이탈리아 베네토 지방에서 포도를 일정 기간 건조해 만든 단맛이 나는 와인도, 프랑스 보르도 소테른 지방의 곰팡이가 핀 포도로 만든 귀부와인도, 포도를 얼려 만드는 독일과 캐나다의 아이스와인도 당시 사람들에게는 가히 '천상의 맛'이었을 겁니다.

나무와 불이 만나 펼치는
오크통의 마법 ──────

"나는 천천히 자리에서 일어나 꽃이 만발한 정원을 한가롭게 거닌다. 아득한 기억 속에서 달콤한 미소를 짓는 소녀를 떠올리며, 싹을 틔우기 시작한 푸른 이파리의 향기와 비 갠 후 발밑에서 피어오르는 흙냄새에 취해⋯⋯."

10여 년 전 우리나라에서도 선풍적 인기를 모았던 일본의 아기 타다시의 와인 만화 『신의 물방울』에 나오는 한 장면의 대사입니다. 등장인물인 토미네 잇세는 제4사도인 프랑스 포므롤의 명품 와인 샤또 라플뢰르Chateau Lafleur의 느낌을 이렇게 적고 있습니다.

제가 은사처럼 생각하는 한 교수님은 늘 와인을 마실 때마다 "입안에서 보석을 굴린다"고 말합니다. 와

샤또 라플뢰르

인 잔을 기울이는 순간 그 '보석'이 미각의 돌기를 하나하나 일으켜 세우고 수만 개의 후각세포를 깨운다며 와인을 마시는 기쁨을 이렇게 표현합니다.

와인을 즐기는 사람들은 와인에 대해 왜 이처럼 현학적이고 복잡하게 표현할까요. 와인은 여러 가지 맛과 다양한 향을 즐기는 술이기 때문입니다. 와인을 오랫동안 접해본 마니아들은 어떤 와인을 접할 때마다 과일 향, 꽃 향, 풀 향, 나무 향은 물론이고 연필심 향, 가죽 향, 태운 향, 야생동물 향, 향신료 향, 달콤한 향, 미네랄 향 등 냄새를 표현하는 온갖 어구를 다 동원합니다.

와인의 향은 크게 아로마Aroma와 부케Bouquet로 구분합니다. 아로마는 포도의 품종에 따라 구별되는 특유의 향과 포도나무가 땅에서 뽑아 올린 영양분이 포도알에 축적돼 나타나는 자체의 향을 말합니다. 여기에는 과일 향, 꽃 향, 풀 향, 나무 향, 미네랄 향 등이 해당됩니다. 1차 향이라고도 부릅니다.

와인에는 연필심 향, 가죽 향, 태운 향, 야생동물 향, 향신료 향, 달콤한 향도 있습니다. 부케입니다. '다발'을 의미하는 부케는 와인이 오크에서 숙성이 이뤄지고 저장되는 과정에서 생기는 2차 향입니다. 포도 품종과 그 땅이 가진 특징이 그대로 표현되는 아로마와 달리 부케는 생산자의 취향이 반영된 인위적인 향이라고 말할 수 있습니다. 이런 부케 향은 어떻게 왔을까요.

조지아에서는 8,000여 년 전부터 와인을 빚은 후 흙으로 구워 만든 엄청나게 큰 저장용기 '크베브리Qvevri'에 담아 보관했습니다. 또 고대 그리스와 로마에서는 와인을 '암포라Amphora'라고 부르는 토기로 만든 작고 길쭉한 항아리에 저장했습니다.

당시에는 와인을 해를 넘겨 마신다는 것을 상상도 못 했습니다. 밀

조지아에서 와인을 담아
발효, 숙성시키던 크베브리가
국립 트빌리시 박물관에 전시돼 있다.

폐력에 한계가 있어 와인이 오래지 않아 상해버렸기 때문입니다. 와인은 산소와 접촉하게 되면 점점 산화가 진행되고 일정 시간이 지나면 식초로 변하게 됩니다. 고대인들은 와인을 저장할 때 "어떻게 하면 공기의 접촉을 막을까" 하는 게 가장 큰 고민이었습니다. 그래서 토기에 와인을 담고 그 위에 올리브기름을 부어 와인이 공기에 노출되지 않게 했습니다. 또 그리스에서는 아예 송진으로 입구를 밀봉하는 등 온갖 방법이 동원되기도 했습니다.

토기말고도 지역에 따라서는 염소가죽으로 만든 주머니를 사용하기도 했습니다. 그러나 와인을 다 마시고 난 후에는 다시 사용하기가 힘들었습니다. 와인이 발효될 때 탄산가스가 나오는데 이게 염소가죽의 약한 부분을 뚫어버려 와인이 새는 경우가 종종 발생했기 때문입니다. 성경에 나오는 "새 술은 새 부대에 담아라"라는 말이 여기서 유래됐습니다.

그러던 중 1세기경 오크통이 발명되면서 와인 산업이 획기적으로 발전하기 시작합니다. 갈리아 지방, 지금의 프랑스 지역에서 처음 만들어진 것으로 알려진 오크통은 나무로 제작돼 암포라에 비해 훨씬 가벼운 데다 편평한 곳에서는 굴려 이동시킬 수 있어 편리했습니다.

토기로 만든 저장용기는 아무리 오래 저장해도 와인의 맛이나 향에 변화를 주지 못했지만 오크통은 와인에 색소와 향취, 타닌을 더해줘 지금처럼 와인이 복합적인 맛을 갖게 만들었습니다.

와인이 오크통을 구성하고 있는 나무 세포와 만나면 와인 특유의

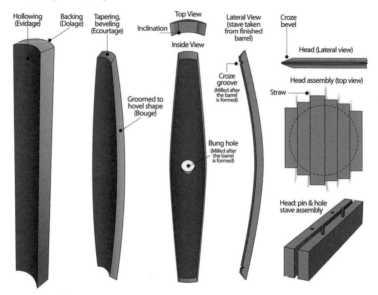

Cooperage. Shaping staves for a wine barrel.

Hollowing (Evidage)

Backing (Dolage)

Tapering, beveling (Ecourtage)

Inclination

Top View

Inside View

Groomed to hovel shape (Bouge)

Lateral View (stave taken from finished barrel)

Croze groove (Milled after the barrel is formed)

Bung hole (Milled after the barrel is formed)

Croze bevel

Head (Lateral view)

Head assembly (top view)

Straw

Head: pin & hole stave assembly

오크통 만드는 방법을 설명한 자료

light

medium

medium +

heavy

오크통 굽기에 따른 색깔

색소인 안토시아닌anthocyanin이 더 진해지고 오래가게 됩니다. 또 오크 통을 만들 때 생성된 여러 가지 향이 와인에 더해져 오늘날처럼 부 케 향을 입게 됩니다. 나무에도 타닌Tannin이 있는데 포도 과즙 속의 타닌과 만나 타닌이 더 강해지게 됩니다. 바야흐로 와인에 신세계가 펼쳐지기 시작한 것입니다.

오크통은 밀폐력을 높이기 위해 약간의 곡선 형태로 제작되는데 이를 위해 내부 표면을 불에 굽습니다. 오크통을 짤 때 생기는 부산물인 오크 조각으로 오크통 안에서 불을 지피는데 여기서 '오크의 마법'이 시작됩니다.

불에 그을리는 정도에 따라 와인에 입혀지는 향이 완전히 달라지기 때문입니다. 예를 들어 오크통을 많이 구우면 와인에서 커피, 정향, 계피 등 훈연된 진한 향취가 느껴지게 됩니다. 중간 정도로 구우면 바닐라나 캐러멜 등 약간 달착지근한 향취가 와인에 스며듭니다. 아예 훨씬 덜 굽게 되면 불로 인한 풍미는 나오지 않지만 대신 오크나무 특유의 향취와 타닌이 와인에 배게 됩니다.

또 오크통의 크기에 따라 와인 향이 달라집니다. 225ℓ로 가장 작은 크기인 프랑스산 바릭Barrique은 와인에 부케 향을 많이 입힐 수 있습니다. 반대로 용량이 수만ℓ에 달하는 오크통을 사용하면 부케 향이 거의 묻어나지 않습니다. 포도의 신선한 맛을 강조하는 화이트

225ℓ 규모로 가장 작은 오크통인 바리크

슬로베니안 오크통

와인의 경우는 아예 스테인리스로 제작한 통을 사용하기도 합니다. 오크통도 무조건 새것만 사용하기보다는 새것과 이미 사용한 헌 오크통을 적절히 이용해야 와인이 균형 잡힌 맛과 향을 가질 수 있습니다.

오크나무

그런데 오크통은 어떤 나무를 사용할까요. 오크통을 만드는 나무는 오크나무, 아카시아나무, 밤나무, 체리나무 등 여러 가지가 사용되지만 전통적인 오크나무quercus가 가장 좋은 품질을 자랑합니다. 오크나무는 프랑스, 스페인, 슬로베니아, 러시아, 미국에 많이 분포돼 있지만 유럽산 오크를 고급으로 칩니다. 그중에서도 프랑스 중부에서 생산되는 오크는 최고로 평가받습니다. 유럽의 나무들은 천천히 자라 나뭇결이 타이트하며 향도 강하고 타닌과 페놀도 많이 함유돼 있습니다. 반면 미국의 오크는 기후가 좋아 나무가 빨리 자라 결이 넓고 타닌 성분이 상대적으로 적습니다.

오크통 가격도 원산지에 따라 엄청나게 차이 납니다. 프랑스산 오크통은 바릭(225ℓ)을 기준으로 최소 100만 원이 넘습니다. 헝가리산 오크통은 70만 원선, 미국산 오크통은 40만 원 선입니다.

『신의 물방울』에 등장하는 인물들은 한결같이 입속에 와인을 머금으며 그 와인에 대한 느낌을 표현합니다. 주말 저녁 와인 코르크를 연다면 와인을 입에 머금고 그 '보석'을 입속에서 5초 정도만 굴려 보세요. 그동안 생각지도 않고 무심코 지나쳤던 화려한 맛과 향기가 입속에서 휘몰아치고 있을지도 모릅니다.

와인 산업의 혁명적 사건, 유리병과 코르크 _____

지난 1992년 싱가포르 인근 바다에서 120년 전 침몰된 거대한 무역선 한 척이 인양됐습니다. 1872년 보르네오섬과 싱가포르 사이 바다를 건너다 태풍에 침몰된 선박으로 배 안에는 프랑스 보르도 와인들이 가득 실려 있었습니다. 특히, 보르도 그랑크뤼 클라세 2등급 와인 '샤또 그뤼오 라로즈Chateau Gruyaud Larose'가 상자째 손상되지 않은 채 발견됐습니다. 오메독Haut Medoc의 생 줄리앙Saint-Julien 에서 만들어지는 고품질의 와인으로 당시 '왕들의 와인, 와인의 왕'으로 불리던 유명한 와인입니다.

그뤼오 라로즈
출처_그뤼오 라로즈
홈페이지

전문가들이 조심스럽게 꺼내 코르크를 열었습니다. 모두가 "120년이 넘게 지났는데 과연 살아 있을까" 하는 의구심과 함께 와인을 맛보는 순간 여기저기서 탄성이 터졌습니다. 엷은 오렌지색을 띤 와인은 특유의 아로마를 유지하고 있었고 가죽, 담배, 낙엽, 커피 등 고상한 부케까지 완벽했습니다.

모두를 놀라게 만든 이 와인들은 어떻게 차디찬 바다 속에서 120년 동안 살아남을 수 있었을까요. 바다 속 엄청난 압력을 견뎌낸 것도, 식초가 되지 않고 숙성을 유지한 것도 바로 튼튼한 유리병과 완벽한 밀폐력을 가진 코르크 덕분이었습니다.

와인 전문가들은 와인 산업에 있어서 가장 중요한 3대 발명품으로 유리병, 코르크, 이산화황을 꼽습니다. 특히 유리병과 코르크는 우리에게 '병 숙성'이라는 새로운 선물을 줬습니다. 오늘날 우리가 10년, 20년, 길게는 50~60년까지도 병에서 천천히 숙성된 이른바 '올드 빈티지' 와인을 마실 수 있게 해준, 정말 고마운 존재입니다.

프랑스 보르도의 그랑크뤼 클라세 와인을 비롯해 세계 각국에서는 최소 10년 이상 숙성을 시켜야 제맛을 내는 고급 와인들이 수두룩합니다. 그러나 이런 와인들이 우리 곁으로 찾아온 지는 불과 200년이 조금 지났습니다. 튼튼한 유리병과 코르크가 없던 시절에는 보르도 최고 등급 와인인 샤또 라피트 로칠드, 샤또 오브리옹Chateau Haut-Brion 등도 그해에 빚어 1년 안에 마시는 와인이었습니다. 와인은 공기와 접촉하게 되면 산화가 일어나고 그런 상태로 1~2년이 지나게 되면 식초로 변하게 됩니다.

당시에도 이들 그랑크뤼 클라세 와인은 품질이 훌륭했지만 보관 방법이 마땅치 않아 그해 바로 소비했습니다. 지금처럼 완벽하게 공기를 차단할 수 있는 유리병과 코르크가 없어 시간이 지날수록 맛이 달라졌기 때문입니다. 더구나 몇 달만 지나면 새로 신선한 와인이 만들어지는데 굳이 오래 두고 맛이 변한 와인을 마실 이유가 없었습니다.

이 때문에 1800년대 초까지만 해도 와이너리는 발효 과정을 마치면 와인을 오크통에 담아 네고시앙Negociant에게 바로 팔았습니다. 네고시앙들은 가져온 와인들을 오크통이나 암포라에 담아놓고 그날그날 덜어 팔았고 소비자들은 이를 별도의 용기에 담아 가져갔습니다. 당연히 와인을 장기보관할 방법도, 필요성도 없었습니다.

그런데 1800년대 들면서 와인이 튼튼한 유리병에 담기고 코르크가 유리병을 단단히 틀어막으면서 와인에 놀라운 변화가 일어났습니다. 유리병 속에서 천천히 화학 반응이 일어나고 수년이 지나자 와인이 그동안 인류가 접하지 못한 새로운 맛을 내기 시작한 것입니다.

와인은 병에 담겨 잘 보관되면 처음에 거칠고 뻑뻑했던 타닌이 시

프랑스 부르고뉴 한 호텔에 시대에 따라 변화한 와인병이 전시돼 있다.

간이 지날수록 점차 부드러워져 세련된 질감으로 바뀝니다. 와인 색깔도 진한 자줏빛에서 점차 흐려져 한참 지나면 오렌지 빛에 가깝게 엷어집니다. 와인에서 발산되는 아로마와 부케도 스펙트럼처럼 여러 형태를 갖추게 됩니다. 빈티지가 어린 와인에서는 신선한 포도 맛이 강하지만 오래된 빈티지 와인에서는 각종 말린 과일이나 졸인 과일 맛이 나고 브로콜리나 아스파라거스 등의 채소 향도 나는 이유가 바로 이 때문입니다. 1차 숙성 때 배어든 오크향도 와인 속에 훨씬 세련되게 녹아들어 와인이 더 우아해집니다.

와인이 본격적으로 유리병에 담기기 시작한 것은 1800년대입니다. 그러나 와인이 유리병을 처음 만난 시기는 고대 로마시대였습니다. 다만 저장용도로 사용된 것이 아니라 하인들이 암포라 등에서 와인을 덜어 가져와 주인에게 따라주기 위해 담는 일종의 그릇 같은 용도였다고 합니다.

11세기 이후부터 유리병은 와인을 담아 식탁을 장식하는 용도로 사용돼왔습니다. 그마저도 제작비용이 워낙 비싸 일부 귀족들의 식탁에만 올랐습니다. 당시 유리병은 너무 얇아 강도가 약한 데다 지금처럼 병의 밑 부분이 두껍지 않아 살짝만 부딪혀도 깨져버렸습니다.

그러던 중 1634년이 되서야 영국에서 지금처럼 유리가 두껍고 밑이 넓고 목이 가늘어 코르크로 밀봉할 수 있는 견고한 와인병이 등장합니다. 1723년에는 프랑스에서 피에르 미첼Pierre Michel이 유리공장을 설립해 지금의 보르도 와인병과 비슷한 모양으로 대량 생산하기

와인병의 크기에 따른 분류

시작합니다. 산업혁명을 통해 석탄으로 온도를 높일 수 있게 되면서 지금과 거의 비슷한 품질의 유리병이 나오기 시작한 것이죠.

가늘고 긴 모양을 한 튼튼한 와인병이 나오자 눕혀서 보관할 수 있고, 세워서 박스째 운반할 수도 있어 너무 편리했습니다. 이게 사실상 오늘날 와인병의 시조처럼 인정받는 모델입니다.

그런데 와인병은 왜 750㎖가 기준으로 자리 잡았을까요. 이 또한 영국과 관련이 있습니다. 당시 프랑스 보르도 와인의 가장 큰 수출국은 영국이었는데 보르도 상인들은 225ℓ가 들어가는 오크통을 배에 싣는 대신 오크통 하나를 300개의 와인병에 나눠 6개들이 50박스에 실어 보냈다고 합니다. 영국의 용량 단위는 갤론(4.5ℓ)인데 이를 750㎖ 와인병 6개에 나눠 담았던 것이죠.

이는 배가 부른 둥그런 나무통에 실어 운반하는 것보다 차곡차곡

쌓을 수 있어 더 많은 양을 실을 수 있고, 파도가 쳐도 구를 염려가 없어 안전했습니다. 또 육지에 도착해 도매상이 넘겨받아도 따로 덜지 않고 바로 꺼내 팔기에도 좋았습니다. 매그넘(1,500㎖), 제로보암(3,000㎖), 르호보암(4,500㎖) 등 큰 용량의 병도 있지만 기본 단위가 750㎖인 이유입니다.

와인 산업에 있어 유리병 못지않게 큰 기여를 한 게 코르크입니다. 코르크는 와인 병마개로 최고의 기능적 조건을 갖추고 있습니다. 외부의 공기를 완벽하게 차단하고 물과 오랫동안 접촉해도 썩지 않습니다. 온도 변화가 일어나도 수축되거나 이완되지 않고 불에 잘 타지도 않습니다. 앞서 말한 120년 동안 바다 속에서 와인이 살아 있도록 해준 것도 코르크가 없었다면 불가능한 일이었습니다.

코르크 나무에서 껍질을 벗겨내고 있는 모습

코르크는 코르크나무 껍질로 만들어집니다. 참나무 계열의 나무로 주로 지중해 연안에서 많이 자랍니다. 그중 스페인과 포르투갈산 코르크를 최고로 칩니다. 전 세계 코르크의 절반 이상이 이곳에서 생산됩니다. 코르크나무는 수령이 20년 정도 되면 직경이

60㎝ 정도까지 자라는데 이때 껍질의 두께가 3~5㎝ 정도에 이른다고 합니다. 이 시기부터 채취가 가능합니다. 표피 15㎏을 채취하면 코르크 1,000개 정도가 나옵니다. 껍질이 떨어져 나간 나무는 열심히 10년 동안 껍질

프랑스 부르고뉴 최고가 와인 로마네 꽁띠에서 뽑아 올린 코르크

을 만듭니다. 표피 성장기를 거쳐 10년 안팎이 지나면 다시 채취할 수 있다고 합니다.

전문가들은 코르크만 봐도 와인 가격을 대략 알 수 있습니다. 장기숙성형의 고가 와인일수록 좋은 코르크를 사용하고 코르크가 길기 때문입니다. 코르크는 38㎜, 44㎜, 49㎜, 53㎜ 등 4가지 종류로 생산됩니다. 좋은 코르크는 최소 25년 이상 품질을 유지하고 길게는 50년까지도 변하지 않는다고 합니다.

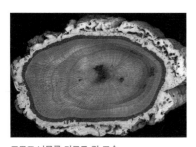

코르크 나무를 가로로 켠 모습

튼튼한 유리병과 코르크는 이처럼 우리에게 또 다른 선물을 가져다줬습니다. 혹시 집에 오래된 빈티지 와인이 있다면 오늘 저녁 병 숙성의 마술을 한 번 느껴보세요.

샤또의 병입,
와인 산업을 뿌리째 바꾸다 _____

　　"거참, 이상하네. 우리가 만든 와인은 이 정도로 많지 않은데……. 우리 와인이 왜 이렇게 많이 돌아다니는 거지?"

　1920년대 초 샤또 무똥 로칠드의 새 주인이 된 20살의 필립 드 로칠드가 고개를 갸우뚱하며 혼잣말로 중얼거립니다. 비록 2등급으로 분류된 와인이지만 특급 와인 대접을 받던 무똥 로칠드는 시장에서 맛과 품질을 보장하는 와인이었습니다.

　당시 와이너리들은 와인을 만들어 발효 과정만 끝나면 바로 중간도매상인 네고시앙에게 넘겼습니다. 네고시앙들이 이 와

20대의 젊은 나이에
수많은 혁신을 통해
와인 산업의 역사를 쓴
무똥 로칠드의 필립 드 로칠드
출처_무똥 로칠드 홈페이지

무똥 로칠드의 아트 라벨이 도입되기 전
초기 라벨의 모습
출처_무똥 로칠드 홈페이지

인들을 자신의 와인저장고로 가져와 일정 기간 숙성을 거친 후 오크통째 소매상에 넘기거나 별도로 병입을 한 후 팔았습니다. 그런데 이 과정에서 다른 와이너리에서 만든 와인이 무똥 로칠드 라벨을 달고 팔리는 경우가 너무 많다는 것을 안 것이죠.

"우리가 직접 와인을 담아서 팔겠어. 라벨도 완전히 다 바꿀 거야." 필립이 곧바로 대대적인 와인저장고를 짓기 시작하더니 1924년 빈티지부터 자신이 직접 병에 와인을 담아 시장에 내놓기 시작합니다. 그리고 와인 라벨을 별도로 제작해 붙입니다.

이는 거의 혁명에 가까운 일이었습니다. 와이너리가 직접 병입을

레이싱 드라이버로도 이름을 날린
필립 드 로칠드가 부가티 자동차를 몰고
그랑프리 대회에 출전한 모습
출처_무똥 로칠드 홈페이지

필립 드 로칠드(오른쪽)와 필리핀 드 로칠드
(가운데)가 미국 캘리포니아 한 농장에서
로버트 몬다비와 걸으며 말을 나누고 있다.
출처_무똥 로칠드 홈페이지

무똥 로췰드의 1924년 라벨.
샤또 무똥 로췰드 글씨 위쪽에 '미 쟝 부떼이유 오 샤또'라는 글자가 새겨져 있다.
출처_무똥 로췰드 홈페이지

하기 위해서는 와인을 만든 후 자신의 와이너리에서 오랜 시간동안 숙성을 진행해야 합니다. 숙성과 병입을 하기 위해서는 별도의 와인 저장고와 관련 시설이 필요했습니다. 이는 초기에 대규모 시설투자 자금이 들어가고 그 이후엔 수년 동안 자금을 회수하지 못한다는 것을 의미했습니다. 경영상 큰 위험을 무릅써야 하는 일이었습니다. 이제 갓 20살을 넘긴 필립이 이 놀라운 도전을 처음 시작한 것이었습니다.

'미 쟝 부떼이유 오 샤또Mise en Bouteille au Château'. 프랑스 와인 라벨을 잘 살펴보면 이같은 문구가 있습니다. '샤또에서 직접 병에 담은 와인임'이라는 뜻입니다. 샤또가 병입을 하는 게 뭐 그리 대단한 일일까 생각되지만 당시에는 와인 산업에 엄청난 영향을 미치는 사건이었습니다.

샤또가 와인을 병입한다는 것은 와인의 품질을 보장하는 일종의 상징이었습니다. 이를 통해 자신들의 브랜드를 붙인 속칭 '가짜 와인'이 유통되는 것을 막고 네고시앙이 장악한 과도한 이익 구조를 깨뜨리고 유통 주도권을 가져오는 계기가 됩니다. 필립은 이에 더해 그래픽 미술가인 장 깔루^{Jean Carlu}에게 의뢰해 무똥 로칠드의 라벨도 새로 제작해 붙였습니다. 기존에 유통되는 와인들과 달리 새로운 라벨이 붙은 와인은 무똥 로칠드가 직접 만들고 관리한 와인이니 믿고 마셔도 된다는 의미였습니다.

그동안 와이너리들은 포도를 수확해 와인을 담가 발효만 끝나면 네고시앙에 거의 헐값으로 넘겼습니다. 그 이후에는 자신들이 만든 와인이 어떤 가격에 팔리는지, 어떤 와인들과 블렌딩돼 팔리는지도 알 이유도 없었고 알 수도 없었습니다. 실제로 네고시앙들은 각 와이너리에서 모아진 와인을 가지고 숙성을 진행하면서 직접 블렌딩을 해 팔기도 하고, 품질이 좋은 와인은 별도로 와인 라벨을 제작해 붙여 고가에 팔기도 했습니다. 또 비양심적인 네고시앙은 물을 섞어 팔기도 했습니다.

무똥 로칠드를 계기로 많은 와이너리들이 하나둘씩 직접 병입을 하기 시작합니다. 이제 자신들이 빚은 와인을 일정 기간 숙성시킨 후 직접 라벨을 붙인 병에 넣어 팔기 시작한 것입니다. 프랑스 와인 품질이 획기적으로 높아지기 시작했습니다. 필립은 와인 산업을 발전시킨 역사상 가장 뛰어난 사람 중 한 명입니다.

1924년 빈티지부터 새로 라벨을 달게 된 무똥 로칠드는 오늘날 와인 마니아들의 셀렉션 1순위 와인으로 자리매김하고 있습니다. 세계 최고 품질의 명품 와인에 해마다 세계 최고 화가의 그림이 라벨로 붙기 때문입니다. 무똥 로칠드의 '아트 라벨'은 1945년부터 시작됐습니다. 1945년은 2차 세계대전이 끝나 프랑스가 독일 손아귀에서 벗어난 해입니다. 필립은 그 역사적 사건을 기념하기 위해 와인 라벨을 별도로 제작하고 '승리'를 뜻하는 'V'자를 크게 새겨 넣었습니다.

이때를 시작으로 무똥 로칠드 와인 라벨은 매년 세계적인 화가의 그림을 싣기 시작합니다. 그동안 라벨 작업에 참여한 화가는 살바도르 달리Salvador Dalí, 바실리 칸딘스키Wassily Kandinsky, 마르크 샤갈Marc Chagall, 파블로 피카소Pablo Picasso 등 정말 쟁쟁한 미술가들로 가득합니다. 라벨 작업을 한 미술가들은 보수를 돈으로 받는 대신 자신의 라벨이 붙은 해와 또 다른 해에 생산된 샤또 무똥 로칠드 와인을 받습니다.

무똥 로칠드의
1945년
빈티지 라벨
출처_무똥 로칠드 홈페이지

무똥 로칠드의
1973년 빈티지 라벨.
파블로 피카소 작품.
출처_무똥 로칠드 홈페이지

2013년 빈티지는 우리나라 이우환 화백이 참여해 화제를 모으기도 했습니다.

그런데 1945년 무똥 로칠드 아트 라벨은 '승리'에 대한 기쁨을 표현하고 있지만 동시에 필립의 가장 아픈 사연도 담겨 있습니다. 유

무똥 로췰드 1945 빈티지
출처_샤또 무똥 로췰드 홈페이지

대인 가문 출신인 필립은 2차 세계대전 독일군 치하에서 아내가 독일군 가스실에서 희생됐습니다. 독일의 패망이 누구보다 기뻤을 필립이지만 사랑하는 아내를 잃은 슬픔과 회한도 고스란히 배어 있는 와인입니다.

무똥 로췰드 1945년 빈티지는 이처럼 여러 의미도 있시만 와인 자체가 세기의 빈티지였습니다. 엄청난 파워와 뛰어난 장기숙성력으로 유명해 70년이 훨씬 지난 지금 열어봐도 와인의 아로마와 타닌이 제대로 살아 있다고 전문가들은 말합니다. 이 빈티지 와인은 한때 소더비 경매에서 4.5ℓ들이 와인 한 병이 우리나라 돈으로 3억 원에 낙찰되기도 했습니다.

비싼 와인일수록
왜 라벨이 단순할까

얼마 전 와인 마시는 자리에서 지인이 들려준 재미난 일화입니다.

지인 A씨는 일행 두 명과 함께 예전부터 친분이 있던 사람의 집에 초대받았습니다. 식사와 한참의 환담이 끝나고 집을 나설 때쯤 집주인이 와인 세 병을 내놓으며 하나씩 고르라고 했답니다. 지인 A씨는 다른 두 명에게 선택의 기회를 양보하고 맨 마지막까지 남은 라벨이 별로 예쁘지 않은 와인을 집어 들었다고 합니다. 집주인이 하나씩 와인을 박스에 넣어주며 와인 가격을 말해줬다고 합니다. 순간

Premier Cru Classé
(Klassifikation 1855)
die fünf berühmten
Bordeaux-Weingüter

보르도 그랑크뤼 클라세 1등급 와인의 라벨

고급스런 색깔과 화려한 문양이 그려진 와인을 먼저 품에 안고 기쁨을 만끽하던 두 명이 "아, 당했네"라는 말을 하며 박장대소했다고 합니다. 맨 마지막까지 남겨졌던 지인의 와인이 가장 비쌌습니다.

와인은 고가 와인일수록, 역사가 오래된 와인일수록 라벨이 아주 단순합니다. 특히 프랑스 보르도 와인은 거의 그렇다고 생각하면 됩니다. 그랑크뤼 클라세 와인 61개를 자세히 들여다보세요. 공통적으로 흰색 바탕에 선명도 떨어지는 샤토 그림이 그려져 있거나 아니면 글씨만 쓰여 있는 것도 많습니다. 와인이 비싸면 라벨도 고급스럽고 화려할 것 같지만 그 반대입니다.

그런데 왜 그랑크뤼 클라세 와인 라벨은 이렇게 성의 없이 덤덤하고 심플하게 만들까요. 와이너리가 아니라 네고시앙이 만들었기 때문입니다. 네고시앙은 프랑스 와인시장만의 독특한 유통구조에서

보르도 그랑크뤼 클라세에 기재된 1등급, 2등급 분류표

보르도 그랑크뤼 클라세에 기재된 3등급, 4등급 분류표

보르도 그랑크뤼 클라세에 기재된 4등급, 5등급 분류표

탄생한 와인 유통 상인입니다. 이들은 샤또가 직접 병입을 해 팔기 전인 1900년대 초까지만 해도 포도 재배자로부터 포도밭을 통째로 매입해 직접 와인을 제조하거나, 와인 생산자로부터 발효를 끝마친 와인을 벌크째 사들여 자신들의 와인저장고에 놓고 숙성을 시킨 후 별도의 용기나 병입을 해 내다 팔았습니다. 여기저기서 모인 와인들은 품질이 들쭉날쭉해 네고시앙이 여러 와이너리에서 나온 와인을 블렌딩해 품질을 높여 팔았습니다.

또 이름이 높은 와인은 별도로 라벨을 제작해 팔았습니다. 네고시앙 입장에서는 수십 곳 와이너리의 라벨을 따로따로 제작하기 힘드니 그냥 흰색 바탕에 샤또 그림을 다르게 그려 넣거나, 아니면 와이너리 이름만 써서 한꺼번에 제작한 것입니다.

이제 와인 라벨이 단순할수록 오래되고 비싼 와인이라는 게 이해 가시나요.

척박한 환경일수록
좋은 포도를 맺는 포도나무

      눈이 소복소복 내린 한겨울, 노지에서 자란 시금치를 먹어본 적 있는지요. 흙먼지를 뒤집어 쓴 채 두툼하고 못생긴 잎사귀를 땅에 바짝 붙이고 겨울을 나는 이 시금치는 입에 넣어보면 달기가 그지없습니다. 바람이 따뜻한 계절에 나는 시금치와는 비교할 수 없을 정도로 향기롭습니다. 시금치만 그런 게 아닙니다. 못생긴 배추, 봄동도 마찬가지입니다. 그런데 왜 좋은 계절보다 삭풍이 부는 계절의 채소가 더 달고 향기로울까요. 그건 바로 생존을 위해 물을 다스리는 식물의 본능 때문입니다.

  기온이 떨어지면 식물은 추위를 견디기 위해 체내에 물을 줄이고 당분을 저장합니다. 자신을 보호하기 위한 본능입니다. 만약 기온이 섭씨 0도 이하로 떨어져 세포 밖의 부분이 얼게 되더라도 그 얼음이 자신의 체내로 더 이상 침투하지 못하게 막기 위한 것입니다. 당을 축적하면 세포 내액의 농도를 상승시켜 어는점이 낮아지게 됩니다. 일반 물보다 설탕물이 더 낮은 온도에서 어는 것과 같은 원리입니다. 그래서 식물은 날이 추워지면 세포 내 물을 줄이는 작업을 시작합니다. 계절이 변하면 나무가 잎으로 가는 물을 차단해 낙엽을 떨구는 것도 마찬가지입니다. 과일도 일교차가 큰 곳에서 자란 과실이 당도가 훨씬 높은 이유입니다.

와인의 재료가 되는 포도에 있어 물은 상극입니다. 와인은 포도 과즙과 효모만으로 만들어지는 술입니다. 물이 한 방울도 들어가지 않습니다. 물은 모든 생명체의 근원이지만 포도 재배에서 물을 어떻게 다스리는가는 와인의 품질을 결정짓는 가장 큰 요소입니다.

혹시 '인삼 딸기'를 먹어본 적 있는지요. 입에 넣으면 상큼한 딸기 과즙이 흐른 뒤 신기하게도 인삼 향이 살짝 입안에 남습니다. 인삼 줄기와 껍데기 등을 발효시킨 물을 토양에 뿌려 재배하면 뿌리가 그 성분을 빨아들여 딸기에 인삼 향이 밴다고 합니다.

와인을 입에 넣어보면 각종 베리류나 핵과, 꽃, 동물

보르도 샤또 베이슈빌 와이너리의 까베르네 소비뇽 포도가 잘 익은 채 주렁주렁 매달려 있다.
출처_샤또 베이슈빌 홈페이지

가죽 등 정말 다양한 종류의 향이 납니다. 특히 좋은 와인일수록 더욱 그렇습니다. 발효, 숙성 과정에서 생기는 2차 향도 있지만 대부분의 향은 포도 열매에 축적된 성분에서 나옵니다. 즉, 포도

샤또 가쟁의 떼루아. 표토층부터 밑으로 층층이 다른 흙들이 쌓여 있는 모습을 볼 수 있다.
출처_샤또 가쟁 홈페이지

가 얼마나 좋은 땅에서 얼마나 다양한 성분을 빨아들였는지에 따라 와인의 품질도 결정 난다는 것이죠.

포도는 물이 많으면 포도 열매로 영양분을 보내지 않습니다. 가지만 무성해집니다. 그래서 포도나무는 늘 물에 굶주리게 키웁니다. 포도 껍질이 쪼그라들지 않을 정도까지 정말 극한 상황으로 몰아붙입니다. 그래야 포도나무 뿌리가 수분을 찾아 밑으로 밑으로 뻗습니다. 우리가 밟고 서 있는 땅은 한 덩어리로 된 게 아닙니다. 기회가 되면 포클레인이 땅을 파는 구덩이를 보세요. 땅은 마치 케이크를 겹겹이 쌓아놓은 것 같은 구조를 하고 있습니다. 각 층마다 토양의 구조와 성분이 다릅니다. 즉, 포도나무가 열매에 다양한 성분을 담게 만들기 위해서는 뿌리가 수평이 아닌 수직으로 깊게 내리 뻗어야 한다는 것이죠. 토양이 척박할수록 좋은 포도가 나는 이유입니다.

유럽 와인과 신대륙 와인은 맛과 향에서 결이 좀 다릅니다. 통상적으로 프랑스 등 유럽 와인은 포도 과즙이 가진 아로마에 미네랄 느

껍이 섞인 복잡한 맛과 향을 가진 반면 미국 등 신대륙 와인들은 포도 과즙 자체의 진한 아로마를 강조하는 경우가 많습니다. 이는 기본적으로 떼루아가 다르기도 하지만 포도 재배 방법에서 큰 차이가 나기 때문입니다.

유럽은 포도나무를 다닥다닥 붙여 심습니다. 단위 면적당 많은 나무가 있으니 물이나 영양분이 부족해 포도나무가 뿌리를 자꾸 밑으로 뻗을 수밖에 없게 만드는 것이죠. 반대로 미국, 칠레 등 지역은 포도나무를 듬성듬성 심습니다. 햇살과 기후가 워낙 좋아 그냥 놔둬도 잘 자라고 관리하기도 편해 그렇게 심었습니다. 그러나 이렇게 되

보르도 메독에 위치한 샤또 퐁테 카네 와이너리에 촘촘히 심어진 포도나무 사이로 말이 일을 하고 있는 모습

면 포도나무가 지표에 가까이 있는 수분과 영양분으로도 생육에 충분하기 때문에 뿌리가 밑으로 뻗지 않고 수평으로 뻗습니다. 그러다 보니 미네랄 느낌이 상대적으로 적습니다. 하지만 요즘은 신대륙 와이너리도 포도나무를 많이 괴롭히는 재배법으로 진화하고 있습니다. 포도나무를 유럽처럼 빽빽하게 심는 대신 포도나무 사이의 밭고랑에 각종 작은 식물을 심습니다. 지표의 수분과 영양분을 이들이 빨아들이게 해 포도나무가 뿌리를 밑으로 뻗도록 한 것이죠.

프랑스 보르도, 와인 마니아라면 이름만 들어도 설레는 곳입니다. 무려 1만 개가 넘는 와이너리가 있는 세계 와인 산업의 중심지이며, 세계에서 가장 압도적인 품질의 레드 와인이 나는 곳입니다.

그러나 보르도는 와인을 만들기에 너무도 힘든 곳입니다. 대서양을 바로 접하고 있어서 기후가 너무 변화무쌍합니다. 늘 예고도 없이 비구름이 몰려와 비를 뿌리고 날씨가 오락가락해 기상예보가 잘 맞지 않는 대표적인 곳이기도 합니다.

지롱드 강변에 위치해 있는 샤또 몽로즈의 와이너리 모습

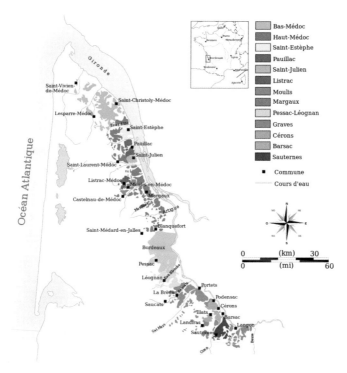

세계 최대 와인 산지 보르도 메독은 가론강과 도르도뉴강이 합쳐 흐르는
지롱드강을 끼고 위치해 있다.

하지만 더 악조건은 강가에 바로 인접해 있다는 것입니다. 보르도
에는 도르도뉴강과 가론강이 양쪽에서 흘러 들어와 하나로 합쳐져
커다란 지롱드강으로 흐릅니다. 지롱드강이 시작되는 곳에서부터
강 유역을 따라 보르도 와인의 핵심인 메독이 강 하구까지 줄지어
위치합니다.

보르도 Bordeaux라는 지명도 '물가' 혹은 '물 옆의 둔덕 Bord De L'Eau'이라

는 말에서 왔습니다. 메독도 '메디오 아쿠아Medio Acua'에서 유래한 말로 '물의 중심'이라는 뜻입니다. 보르도 메독은 물의 중심이라는 곳에서 물을 가장 피해야 하는 포도를 재배하고, 정말 변화무쌍한 기후를 극복하고 세계에서 가장 뛰어난 와인을 만들어내는 곳입니다. 보르도 와인이 위대한 이유입니다.

이 때문에 보르도 와인은 빈티지를 정말 많이 탑니다. 아무리 농부와 양조가의 기술이 뛰어나더라도 하늘의 영역을 넘어설 수 없기 때문입니다. 특히 보르도 좌안의 경우 만생종인 까베르네 소비뇽이 주요 품종입니다. 더 빈티지를 많이 탑니다.

근래 보르도 와인 빈티지를 살펴보면 2012년에는 정말 비가 엄청나게 많이 왔습니다. 포도의 당분이 농축될 틈이 없었습니다. 그래서 "와, 이런 망빈이……"라는 한탄이 절로 나왔습니다. 그러나 그 다음 해인 2013년은 훨씬 더 안 좋았습니다. 정말 세기의 망빈이었습니다. 봄에는 날씨가 너무 추워 서리와 냉해가 덮친 데다 비도 자주 왔습니다. 그러더니 갑자기 엄청난 폭염이 찾아와 극과 극을 달렸습니다.

그러다 찾아온 2015년 빈티지는 정말 봄부터 날씨가 따뜻하고 여름과 가을에도 시기에 맞게 날씨가 딱 맞아떨어졌습니다. 축복받은 완벽한 빈티지였습니다. 그 다음 해인 2016년은 더 완벽한 빈티지가 찾아왔습니다. 여름에 더워야 할 때 더웠고, 가을에 당도가 농축될 때는 기온이 내려가 산도와 타닌이 아주 기가 막혔습니다. 2018년 빈티지도 2016년 못지않은 빈티지로 평가받고 있습니다. 2017년 빈티지는 이 가운데 끼면서 상대적으로 약빈으로 취급받고 있지만 실제로는 평빈을 훨씬 넘어서는 좋은 빈티지라고 합니다.

하지만 요즘 보르도 양조기술은 약한 빈티지를 넘어설 정도까지 발전하고 있습니다. 특히 그랑크뤼 클라세 상위 등급 와이너리의 경우 빈티지가 아주 안 좋은 해에도 평년과 큰 차이가 없을 정도의 와인을 내놓고 있습니다. 예를 들어 수분이 많아 포도의 당도가 떨어질 경우 역삼투압 방식으로 포도의 수분을 빼내 당도를 농축시키기도 합니다. 또 포도 상태가 이보다 더 안 좋을 때는 포도를 아예 얼려서 당도 높은 과즙만 짜내 쓰기도 합니다. 때문에 보르도 특급 와인의 경우 아무리 약빈이더라도 장기숙성에만 다소 불리하다는 점만 빼고는 빈티지를 거의 타지 않는다는 말까지 나옵니다.

입술에 퍼런 립스틱이 찍힐 정도의 진한 아로마를 좋아하나요. 아니면 다양한 향기로 온갖 후각 세포를 일으켜 세우는 보르도 와인을 좋아하나요. 저는 지금 보르도 와인을 입에 머금으며 글을 쓰고 있습니다. 여러분은 오늘 어떤 와인이 생각나는지요.

Region	Appellation/Type	2019	2018	2017	2016	2015	2014	2013	2012	2011
Bordeaux	Pomerol/Saint-Émilion	95	95	94	97	96	95	87	90	90
	Médoc	97	97	96	98	99	94	88	90	91
	Graves (red)	96	95	96	96	96	94	87	91	90
	Graves (white)	95	95	95	95	94	95	95	95	94
	Sauternes/Barsac	95	96	96	95	96	95	94	88	95
Burgundy	Côte de Nuits (red)	96	95	95	94	98	90	89	91	91
	Côte de Beaune (red)	96	95	95	93	96	90	88	90	92
	Chablis	95	94	94	95	94	95	90	95	94
	Côte de Beaune (white)	95	94	95	95	94	95	94	95	94
	Mâconnais	96	94	96	94	93	94	92	94	94
Beaujolais		96	96	96	90	96	94	89	89	93
Nothern Rhône	Reds	96	94	94	95	99	87	88	92	91
	Whites	94	93	93	93	94	93	90	92	92
Southern Rhône	Reds	94	94	94	99	97	89	88	92	91
	Whites	93	93	93	94	93	89	90	92	92
Loire	Dry Whites	95	94	95	96	96	95	90	94	92
	Sweet Whites	93	95	94	93	97	96	87	87	95
	Reds	96	97	97	93	96	95	88	93	93
Alsace		94	93	93	90	92	89	89	92	91
Champagne		97	97	95	93	95	93	NV	98	89
Languedoc-Roussillon		93	93	93	94	93	88	90	89	90
Provence	Reds	94	94	94	94	94	92	89	89	91

빈티지 차트

08	2007	2006	2005	2004	2003	2002	2001	2000	1999	1998	1997	1996	1995
2	88	89	98	91	88	87	95	97	88	92	85	86	91
3	87	90	100	89	89	86	96	96	88	90	83	94	91
1	86	88	95	89	89	86	93	96	89	89	84	91	90
0	96	90	93	91	86	90	89	94	90	89	89	90	89
8	95	91	89	87	92	91	95	81	94	87	92	85	88
9	88	89	96	91	94	97	88	84	93	92	90	96	90
1	87	90	95	90	93	96	88	84	88	87	90	95	91
1	91	91	95	92	87	95	93	89	87	89	89	93	90
2	91	91	96	93	88	96	92	91	88	90	89	92	91
0	90	90	92	89	84	91	90	89	87	89	90	94	91
90	87	90	92	91	90	87	87	84	88	88	90	92	90
86	87	91	94	87	93	83	92	90	93	92	91	87	91
87	88	91	92	94	86	85	91	87	92	92	90	89	92
85	96	90	92	90	90	NR	93	90	89	96	85	85	93
87	94	89	88	87	87	85	87	87	90	93	87	86	91
91	92	88	94	91	89	92	88	84	89	86	85	92	90
87	95	89	95	89	92	87	93	88	89	85	90	92	92
88	89	88	93	88	90	88	89	93	90	85	87	91	90
90	94	88	91	93	89	88	94	86	84	89	96	90	88
98	91	89	93	95	86	98	NV	88	88	90	87	98	95
90	91	91	87	88	90	84	92	90	89	95	85	84	90
90	94	90	87	87	90	85	90	91	88	94	86	85	91

3부

와인의 경제학

와인 값이 10배 비싸지면 와인도 10배 맛있어질까요.
제가 구입하는 와인 단가가 계속 높아지자 최근 제 와이프가
자주 하는 말입니다.
그러나 와인은 감성으로 마시는 술이다 보니 아무래도 단순히
수치만으로 계량할 수 없는 무언가가 분명히 있습니다. 때문에
합리적인 소비 기준이나 일상적인 경제원리가 들어맞지 않는
경우가 많이 생깁니다.
하지만 한번쯤은 현명한 소비를 위해서라도 생각해볼 필요는
있습니다.

언뜻 보면 이해가 되지 않는
'엉 프리뫼르'

매년 4월 초가 되면 프랑스 보르도는 전 세계 와인 네고시앙과 수입상들이 대거 몰려들어 북새통을 이룹니다. 보르도 내 200개 안팎 유명 샤또들이 전년도에 포도를 수확해 만든 와인을 시음하고 선구매를 진행하는 '엉 프리뫼르en primeur' 행사가 열리기 때문입니다.

이들 와인 중개상들은 각 와이너리 부스에 놓인 1,000여 개 넘는 와인을 꼼꼼히 시음하며 구매할 와인과 수량을 결정하고 곧바로 계약금을 지불합니다. 그런데 참 이상한 것은 구매자들이 한결같이 가격을 묻거나 흥정하지도 않는다는 것입니다. 와인 가격은 아

엉 프리뫼르에서
와인을 음미하는
전문가를 표현한 모습

2019년 엉 프리뫼르 행사 참가자가 와인의 향을 맡고 있다.
출처_UGCB

무도 모릅니다. 심지어 와인을 내놓는 와이너리도 모릅니다. 와인 가격은 2~4개월 뒤인 그해 6월이나 8월이 되서야 구매자에게 통보됩니다. 이후 구매자는 잔금을 입금한 후 18~24개월이 지난 후에나 와인을 수령하게 됩니다.

　와인 가격은 사실상 로버트 파커Robert Parker나 제임스 시클링James Suckling, 잰시스 로빈슨Jancis Robinson 같은 유명 평론가가 결정합니다. 이들은 이미 엉 프리뫼르 행사가 열리기 한두 주 전에 조용히 와이너리를 찾아와서 먼저 시음하고 갔습니다. 그리고 한두 달 뒤에 해당 와인에 대한 평가와 평점이 빼곡히 적힌 리포트를 공개합니다. 이 리포트에 의해 와이너리의 와인 가격이 결정됩니다.

　참 이상한 시장입니다. 물건을 사면서 가격도 모른 채 구매 여부와 수량을 결정하고 바로 계약금까지 보내야 하고, 최종 가격은 나중에 통보받다니……. 그 가격도 극소수 평론가의 입맛과 취향에 의해 결정된다니……. 시장경제에서 납득이 잘 되지 않는 일입니다.

보르도 와인 값은 엉 프리뫼르 때문에 천정부지로 올랐다고 봐도 틀린 말이 아닙니다.

엉 프리뫼르는 역사가 150년이 넘습니다. 초기에는 와이너리에게 도, 와인 중개상에게도 참 좋은 제도였습니다. 와이너리 입장에서는 포도 농사를 지어 와인을 출시할 때까지 최소 2년이 더 걸리게 되므 로 와이너리 입장에서는 선구매를 통해 자금을 빨리 회수할 수 있어 자금회전에 도움이 됐습니다. 또 중개상들은 갓 담은 햇 와인을 먼 저 저렴한 가격에 확보할 수 있어 좋았습니다.

그러나 1990년대 이후부터 중국을 비롯한 아시아 일부 지역에서 묻지 마 구매가 확산되고 와이너리의 자본력에 오염된 일부 와인 평 론가들이 이에 편승하면서 엉 프리뫼르 행사는 와인 가격을 올리는 주범이 됐습니다.

실제로 2000년대 들어 그랑크 뤼 클라세 와인은 로버트 파커 점수에 따라 순식간에 가격이 두 배까지 뛰기도 했습니다. 더 큰 문제는 이들 평론가들의 점수가 아주 나쁜 빈티지를 제외하고는 해마다 높은 점수를 유지하고 있 다는 것입니다.

유명 와인평론가 제임스 서클링이
2018년 엉 프리뫼르 행사에 앞서
보르도의 에글리제 끌리네 와이너리를 방문해
와인을 테이스팅하고 있다.

보르도 그랑크뤼 연합회(UGCB)에 소속된
131개 회원 와이너리
출처_UGCB

엉 프리뫼르 행사가 열리는
보르도 그랑크뤼 연합회
출처_UGCB

그럼 좀 꼼꼼히 따져볼까요. 엉 프리뫼르에 나오는 와인은 그 전
년도 가을에 포도를 수확해 빚은 와인입니다. 불과 6개월 된, 숙성이
이제 막 시작되는 아주 어린 와인입니다. 사람으로 따지면 태어난
지 얼마 되지도 않은 신생아인 셈입니다. 그런데 그런 신생아의 얼
굴만 보고 이 아이의 미래를 정확하게 예측할 수 있을까요.

로버트 파커 주니어나 잰시스 로빈슨 같은 유명 평론가들이 아무
리 예민한 후각과 입맛을 가지고 있다 하더라도 이제 갓 담은 4~5개
월밖에 안 된 와인을 맛본 후 2년 뒤의 맛을 정확하게 예측할 수 있
을까요.

국내 유명 와인평론가인 장홍 박사는 그의 저서 『와인, 문화를 만
나다』에서 엉 프리뫼르에 대해 이같이 지적하고 있습니다.

엉 프리뫼르 행사에 나오는 와인은 와이너리가 출시하는 일반적
인 와인과는 좀 다르다고 합니다. 대부분이 시음 행사를 위해 별도

로 만들어진다고 합니다. 가장 좋은 포도만을 선별해 별도로 제작한 오크통에서 숙성시키고 모든 테크닉을 단기간에 집중시킨다고 합니다. 심지어는 최대한 잘 숙성되고 있는 것처럼 보이기 위해 오크 조각까지 넣는 곳도 있다고 합니다.

로버트 파커가 바닐라 향, 구운 토스트 향이 나는 진한 와인을 좋아한다는 것은 와이너리들에게 공공연한 비밀입니다. 그래서 와이너리마다 이 같은 향을 내기 위해 별별 짓을 다 동원한다고 합니다. 그러나 와인에 이런 향이 녹아들려면 적어도 숙성된 지 12개월이 지나야 합니다. 그래서 엉 프리뫼르 행사는 이른바 누가 더 '파커 와인'에 가깝게 만들었는지를 경쟁하는 곳이라는 비아냥까지 나오고 있습니다.

좀 더 가볼까요. 이렇게 만들어지는 행사용 와인은 각 와이너리마다 2,000~3,000병 정도만 생산한다고 합니다. 5대 샤또를 비롯해 대

로버트 파커가 발행하는 와인 애드보케이트

부분의 보르도 와이너리들이 연간 20만 병 이상 생산하는 것을 감안하면 전체 생산량의 5%도 안 되는 셈이죠. 그럼 이들 샤또에서 다른 오크에서 숙성되고 있는 나머지 와인들도 특별히 제작된 행사용 와인들과 똑같은 품질을 보일까요. 아마도 전혀 다른 와인일 수도 있다고 전문가들은 지적합니다.

혹시 고가의 프랑스 보르도 와인을 좋아하시나요. 파커 점수를 많이 따지는 마니아인가요. 그렇다면 한번 곰곰이 따져볼 만한 주제 아닐까요.

보르도 그랑크뤼 클라세
과연 믿을 수 있나 ─────

1855년 프랑스 보르도 그랑크뤼 클라세 3등급을 받은 보르도의 한 유명 와이너리가 1938년 포도밭을 모두 팔았습니다. 이후 1981년 이 와이너리와 전혀 관계없는 사람이 포도밭이 아닌 와인 브랜드만 사들였습니다. 그러더니 전혀 다른 곳에 포도밭을 조성해 와인을 생산하기 시작합니다. 이 와인은 그랑크뤼 클라세 3등급 와인일까요. 아니면 그냥 등급 외 와인일까요.

샤또 데미라이Chateau Desmirail 얘기입니다. 현재 이 와인은 현재 보르도 그랑크뤼 클라세 3등급 와인으로 팔리고 있습니다. 와인 품질은 그 수준에 전혀 못 미친다는 평가가 대부분이지만 그래도 엄연

샤또 데미라이 와인
출처_샤또 데미라이 홈페이지

한 그랑크뤼 클라세 3등급 와인입니다. 1855년 등급 제정 당시와 전혀 다른 와이너리가, 전혀 다른 포도밭에서, 전혀 다른 와인을 생산하지만 당시 등급을 그대로 이어받은 것이죠. 1855년 그랑크뤼 클라세 와인이 지금의 와인과는 완전히 다르다고 말하는 사람들이 단적으로 지적하는 좋은 예입니다.

보르도 와인은 영롱한 루비 빛에 좋은 산도와 강력한 타닌, 복합적인 아로마와 부케가 특징입니다. 그러나 1855년 당시 보르도 와인은 지금의 와인과는 크게 달랐습니다. 메독 그랑크뤼 클라세를 믿을 수 없다고 주장하는 사람들은 다음과 같이 이유를 제시합니다.

첫째, 당시 포도나무와 지금 포도나무는 전혀 다릅니다. 1855년 그랑크뤼 클라세가 제정된 이후 1870년대 필록세라^{Phylloxera} 병이 창궐하면서 당시 유럽종 포도나무와 전혀 다른 새로운 포도나무가 심어졌다는 것입니다. 필록세라는 미국 종 포도에 자생하는 진딧물의 일종으로 유럽으로 유입되자마자 프랑스는 물론 전 유럽 포도밭을 초토화시켰습니다.

유럽의 와이너리들은 필록세라에 20여 년이 넘게 시달린 후에야 미국 종 포도나무가 필록세라에 저항력이 있다는 것을 알고 당시 유럽 종 포도나무를 모두 뽑아내고 미국 종을 심었습니다. 그런 다음 그 나무에 유럽 종 포도나무 가지를 접붙이면서 유럽 와인의 역사가 가까스로 다시 이어졌습니다.

포도 품종도 지금과는 완전히 다릅니다. 지롱드강 좌안인 메독의

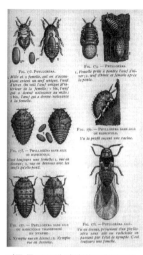

미국 종 포도에 자생하는 필록세라는
프랑스를 포함한 유럽 포도밭을
초토화시켰다.

경우 까베르네 소비뇽을 기반으로 여러 가지 품종을 블렌딩하고, 우안인 생떼밀리옹이나 포므롤은 메를로를 기반으로 다른 품종을 섞어 와인을 만듭니다. 하지만 예전에는 보르도 지역 좌안, 우안 가릴 것 없이 거의 대부분이 말벡 품종이었습니다. 말벡은 햇살이 좋고 기후가 따뜻해야만 좋은 품질을 내는 포도 품종입니다. 사실 물이 많고 기후가 일정하지 않은 보르도에서 말벡은 잘 맞지 않는 품종이었습니다.

필록세라의 습격으로 보르도 포도 품종이 바뀌기 시작합니다. 조생종이면서 토양과 기후를 비교적 덜 가리는 메를로와 만생종이지만 토양을 가리지 않고 잘 자라는 까베르네 소비뇽으로 대체됩니다. 포도 품종이 바뀌면 포도 재배기술도 다르고 이로 인한 와인의 맛도 크게 달라집니다. 즉, 필록세라 습격 이후로 포도나무가 달라지고 포도 품종도 바뀌었으니 그랑크뤼 클라세 지정 당시와 지금이 같은 와인이라고 할 수 없다는 것이죠.

와인의 품질도 지금과는 천지차이로 달랐습니다. 1855년 등급 제정 당시 그랑크뤼 클라세를 포함한 일반적인 와인의 알코올 농도는 10% 안팎으로 아주 낮았다고 합니다. 알코올 도수가 13~14%에 달하

보르도 마고에
위치한 브랑 깡드낙
와이너리의 포도밭
출처_브랑 깡드낙 홈페이지

는 요즘 와인과는 달리 당시 와인은 맛이 밍밍하고 타닌도 거의 없었다고 합니다. 그 당시 기후가 지금보다 더 서늘한 데다 포도 재배 기술도 떨어졌기 때문입니다. 와인의 색깔도 거의 로제 와인에 가까울 정도로 아주 연한 빛깔이었다고 합니다.

당시 와인은 그해에 담가 1년 내 바로 소비해야 하는 술이었습니다. 지금처럼 강력한 타닌과 좋은 산도를 갖추지 못해 숙성력이 떨어졌습니다. 와이너리가 장기간 보관하면서 숙성시키는 기술도 없었고 그럴 만한 공간을 갖추고 있는 곳도 없었습니다.

그래서 중개상들은 와이너리가 막 발효과정을 끝낸 햇 와인을 사들여 자신들의 와인저장고에 보관했습니다. 그 과정에서 자연스럽게 숙성이 일부 이뤄졌습니다.

중개상들은 와인을 수출하거나 국내에 팔 때는 여러 와인들을 혼합했습니다. 도수가 약한 와인은 다른 지역 와인과 섞기도 하고, 서로 맛이 다른 와인으로 각 와인의 단점을 보완해 품질을 높이기도 했습니다. 어찌 보면 중개상들은 각 샤또들의 와인 품질을 가장 잘 아는 사람이며 와인 블렌딩 기술자였습니다. 프랑스 정부가 1855년 보르도 그랑크뤼 클라세 등급을 매길 때 중개상들에게 리스트 작업을 맡긴 이유였습니다.

많은 와인 전문가들은 1855년 당시의 포도밭과 와이너리, 와인제조자가 지금과 동일하지 않거나 심지어는 아무 관련이 없는 경우도 많다는 점을 지적합니다. 국내 유명 와인평론가인 장홍 박사가 그의 저서 『와인, 문화를 만나다』에서 지적한 바에 따르면 1855년 당시 2,650ha였던 보르도의 포도밭은 지금은 3,450ha로 약 30% 이상 늘어났다고 지적합니다. 이 늘어난 800ha의 포도밭은 당시 그랑크뤼 클라세 등급과 무관하게 존재해야 하지만 실상은 그렇지가 않습니다.

Chateaux	Average Price			Average Price		Rank					Class				
	2015	2013	Change	2011	2009	2015	2013	2011	2009	1855	2015	2013	2011	2000	1855
Latour	5,496	7,060	-22%	8120	4620	1	1	2	1	2	1st	1st	1st	1st	1st
Lafite Rothschild	4,017	6,760	-41%	11043	4197	2	2	1	2	1	1st	1st	1st	1st	1st
Haut Brion	3,559	4,370	-19%	5177	2705	3	3	5	5	4	1st	1st	1st	1st	1st
Margaux	3,462	4,777	-28%	6055	3775	4	2	3	3	3	1st	1st	1st	1st	1st
Mouton Rothschild	3,371	4,485	-25%	5981	2941	5	4	4	4	5	1st	1st	1st	1st	2nd
Mission Haut Brion	2,252	3,328	-32%	3400	2225	6	6	6	6	N/A	1st	1st	1st	1st	N/A
Palmer	1,876	1,787	-6%	1656	1085	7	7	7	7	28	2nd	2nd	2nd	2nd	3rd
Leoville Las Cases	1,092	1,346	-19%	1575	1029	8	9	8	8	8	2nd	2nd	2nd	2nd
Cos d'Estournel	1,052	1,413	-26%	1309	804	9	8	9	9	18	2nd	2nd	2nd	2nd
Ducru Beaucaillou	1,017	1,236	-18%	1196	664	10	10	10	12	17	2nd	2nd	2nd	2nd
Montrose	1,009	1,125	-10%	901	672	11	11	14	11	19	2nd	2nd	2nd	2nd
Pontet Canet	847	987	-14%	801	423	12	12	16	18	44	2nd	2nd	3rd	5th
Pichon Lalande	766	929	-17%	922	588	13	14	13	13	15	2nd	2nd	2nd	2nd
Pichon Baron	721	971	-26%	745	525	14	15	17	14	15	2nd	2nd	2nd	2nd
Lynch Bages	711	874	-19%	931	502	15	15	12	16	49	2nd	2nd	3rd	5th
Smith Haut Lafite	684	705	-3%	441	329	16	16	36	36	N/A	2nd	2nd	3rd	N/A
Pape Clement	662	737	-7%	624	666	17	17	15	10	N/A	2nd	2nd	2nd	N/A
Haut Bailly	672	677	-1%	585	369	18	20	20	21	N/A	2nd	2nd	3rd	N/A
Leoville Poyferre	659	806	-18%	625	456	19	16	19	17	8	2nd	2nd	3rd	3rd
Rauzan Segla	509	601	-15%	491	386	20	21	23	20	6	3rd	3rd	3rd	3rd
Calon Segur	502	567	-11%	471	357	21	22	25	22	31	3rd	3rd	3rd	3rd
Leoville Barton	490	543	-10%	547	510	22	24	21	15	10	3rd	3rd	2nd	2nd
Beychevelle	468	564	-17%	715	329	23	23	18	25	41	3rd	3rd	3rd	4th
Duhart Milon	466	699	-33%	1147	328	24	19	11	30	57	3rd	3rd	2nd	4th
Lascombes	414	531	-22%	512	348	25	25	22	23	13	3rd	3rd	3rd	2nd
Saint Pierre	397	463	-14%	348	295	26	26	28	34	34	3rd	4th	4th	4th
Gruaud Larose	382	431	-11%	347	290	27	29	35	36	12	3rd	3rd	3rd	2nd
Malescot St Exupery	377	454	-17%	472	394	28	26	27	24	19	3rd	4th	3rd	3rd
Grand Puy Lacoste	374	429	-14%	316	29	30	28	27	47	3rd	4th	4th	5th
Brane Cantenac	365	432	-16%	361	286	30	28	32	37	14	3rd	4th	4th	2nd
Clerc Milon	365	414	-12%	422	311	31	32	27	29	59	3rd	4th	3rd	5th
Domaine Chevalier	357	386	-8%	350	265	32	34	33	41	N/A	3rd	4th	3rd	N/A
Lagune	328	369	-11%	342	305	33	38	30	32	29	4th	4th	4th	3rd
Issan	325	389	-16%	366	300	34	35	31	33	21	4th	4th	4th	3rd
Branaire Ducru	310	375	-17%	368	311	35	35	30	36	N/A	4th	4th	4th	N/A
Langoa Barton	307	354	-13%	313	292	36	38	40	35	23	4th	4th	4th	3rd
Talbot	298	358	-17%	316	274	37	39	39	39	35	4th	4th	4th	4th
Kirwan	293	415	-29%	319	277	38	31	38	38	20	4th	4th	4th	3rd
Boyd Cantenac	293	413	-29%	239	39	33	43	45	26	4th	4th	4th	3rd
Giscours	288	348	-17%	326	305	40	41	37	31	24	4th	4th	4th	3rd
Batailley	268	280	-5%	279	202	41	52	44	59	45	5th	5th	5th	5th
Rauzan Gassies	265	344	-23%	262	204	42	42	47	56	7	4th	4th	5th	2nd
Cantenac Brown	259	369	-30%	377	318	43	37	29	26	46	4th	4th	3rd	3rd
Lagrange St Julien	253	315	-20%	292	246	44	45	42	44	22	4th	5th	4th	3rd
Armailhac	252	321	-21%	312	216	45	43	41	49	52	4th	4th	4th	5th
Prieure Lichine	246	306	-20%	256	250	46	47	49	43	42	5th	5th	5th	4th
Malartic Lagraviere	239	319	-25%	271	266	47	44	46	40	N/A	5th	5th	5th	N/A
Dauzac	237	262	-9%	260	203	48	56	48	57	51	5th	5th	5th	5th
Grand Puy Ducasse	232	299	-22%	241	201	49	48	53	60	47	5th	5th	5th	5th
Durfort Vivens	227	317	-28%	235	206	50	45	55	54	11	5th	5th	5th	2nd
Ferriere	225	295	-34%	241	228	51	49	52	47	32	5th	5th	5th	3rd
Haut Batailley	223	249	-10%	229	208	52	58	56	52	46	5th	5th	5th	5th
Haut Bages Liberal	222	260	-15%	244	209	53	57	51	54	54	5th	5th	5th	5th
Lafon Rochet	221	266	-17%	233	208	54	55	57	53	40	5th	5th	5th	4th
Gloria	214	248	-14%	N/A	N/A	55	59	N/A	N/A	N/A	N/A	N/A	N/A	N/A
Haut Marbuzet	212	276	-24%	253	254	56	53	50	42	N/A	N/A	5th	5th	N/A
Phelan Segur	211	240	-12%	N/A	N/A	57	60	N/A	N/A	N/A	N/A	N/A	N/A	N/A
Marquis Terme	209	287	-27%	234	219	58	50	58	48	43	5th	5th	5th	4th
Lynch Moussas	204	220	-7%	N/A	N/A	59	62	N/A	N/A	N/A	N/A	5th	N/A	N/A
Tertre	200	238	-15%	222	205	60	61	54	51	39	5th	5th	5th	5th

런던와인거래소(Liv-ex) 기준 보르도 메독지방 2015 빈티지 가격 순위표

1등급 와인인 샤또 라피트 로칠드의 경우 1826년 토지대장에는 74㏊였지만 지금은 103㏊로 39.1%(29㏊)가 증가한 것으로 알려졌습니다. 또 샤또 라뚜르 Chateau Latour는 당시 55㏊에서 현재 78㏊로 41.8%(23㏊)가 늘어났습니다.

샤또 라스콩브
출처_샤또 라스콩브
홈페이지

샤또 프리외르 리쉰
출처_샤또 프리외르 리쉰
홈페이지

그러나 이 정도는 증가폭이 적은 편에 속합니다. 샤또 라스콩브 Chateau Lascombes는 1826년 7.2㏊에서 현재 82㏊로 12배 이상 급증했습니다. 또 샤또 프리외르 리쉰 Chateau Prieure Lichine 도 당시 10㏊에서 현재는 69㏊로 7배 가까이 증가했습니다. 물론 이렇게 늘어난 포도밭들에서 생산되는 와인도 모두 같은 등급으로 출시됩니다.

이 때문에 일각에서는 지금 시장에서 통용되는 와인 가격을 중심으로 등급을 새로 매기거나, 다시 품질을 따져 등급을 정한다면 그랑크뤼 클라세 61개 와인 중 족히 10여 개는 탈락해야 한다는 말까지 나오고 있습니다.

혹시 보르도 마니아인지요. 지금 고르는 와인, 그랑크뤼 클라세 등급만 맹신하면 자칫 바가지를 쓸 수도 있습니다. 그래서 와인을 잘 아는 마니아들은 런던국제와인거래소(Liv-ex)가 매년 발표하는 가격 등급 분류를 많이 참조합니다.

가짜가 더 귀한 대접 받는
와인세계 ————

2007년 말 온라인 경매사이트 이베이^{eBay}에서 프랑스 보르

도를 대표하는 특급 와인 페트뤼스^{Petrus} 한 병이 600유로(78만 원)에

팔렸습니다. 와인에 대해 좀 아는 사람이라면 이는
믿을 수 없이 저렴한 가격이라고 생각할 겁니다. 그
러나 78만 원 가격은 빈병 가격이었습니다. 프랑스
포므롤에서 생산되는 페트뤼스는 빈티지에 따라 가
격이 다르지만 한 병에 최소 500만 원 이상 줘야 구
할 수 있는 보르도 최고가 와인입니다. 그러나 아무
리 최고가 와인이더라도 누가 빈병을 이렇게 비싼 돈
을 주고 살까 생각되지만 가짜 와인을 만드는 사람들
에게는 매력적인 물건이었을 수도 있습니다. 실제로

페트뤼스 와인병

샤또 무똥 로칠드
2000, 2010, 2011 빈티지 가격
출처_와인서처

로마네 꽁띠나 페트뤼스 등 오래된 빈티지 빈병은 수십만 원의 금액에도 거래가 활발히 일어난다고 합니다. 이는 무엇을 의미할까요.

와인 시장만큼 가짜가 판치는 곳도 없을 듯합니다. 한 병에 100만 원이 넘는 고가 와인일수록, 오래된 빈티지일수록 가짜 와인이 많습니다. 이 때문에 와인전문가 조정용 씨는 그의 저서 『리이벌 와인』에서 "최고가 와인의 가장 큰 라이벌은 바로 가짜 와인"이라고 지적하고 있습니다.

가짜 와인은 병에 든 와인을 그대로 두고 라벨을 바꿔 붙이거나, 아니면 병과 라벨은 그대로 두고 내용물을 다른 와인으로 바꿔 넣는 방식으로 만들어집니다. 앞의 경우는 해당 와인을 사서 빈티지만 바꾸는 것인데 여기서도 엄청난 이익을 챙길 수가 있습니다. 와인 어플 와인서처Wine Sercher에 따르면 샤또 무똥 로칠드의 현지 가격은 2010년과 2011년 가격이 두 배 가까이 차이가 납니다. 2011년 빈티지는 602달러지만 2016년 빈티지는 1,127달러입니다. 만일 같은 와이너리 와인을 빈티지만 다르게 바꿔치기해도 두 배에 달하는 이익을 챙길 수 있다는 것이죠. 2000년 빈티지로 바꾸게 되면 4배가 넘는 이익을 거두게 됩니다. 2000년 빈티지는 현재 2,622달러에 달합니다.

아예 다른 와인을 채워 넣는 경우는 앞의 사례와는 비교가 안 될 정도로 훨씬 큰 이익을 챙길 수도 있습니다.

그런데 이런 가짜 와인이 왜 자꾸 만들어질까요. 가짜 와인을 만드는 사람들은 가짜 와인을 만들어도 일단 유통이 시작되면 이를 적발하기가 거의 불가능하다는 것을 아주 잘 알고 있습니다. 특히 최고급 와인을 구매하는 사람들 대부분이 속물근성을 가지고 있다는 점을 철저하게 이용합니다.

사실, 초고가 와인을 사는 사람들 대부분은 자신의 부를 남에게 과시하거나 혹은 자신의 고귀한 취미를 남에게 자랑하기 위해서인 경

롯데백화점 동탄점에 전시된 고가 와인들

우가 많습니다. 이런 사람들은 고가 와인을 구입한 후 해당 와인을 잘 개봉하려 하지 않는 특성이 있습니다. 한 병에 100만 원이 넘는 샤또 라피트 로췰드나 샤또 무똥 로췰드 등 특급 와인을 수십 년 동안의 빈티지를 다 모으는 게 목표인 사람도 있다고 합니다. 이런 사람의 경우 어느 빈티지 한 병을 마시게 되면 다시는 그 빈티지를 구하지 못하게 되기 때문에 절대 코르크를 열지 않는다는 것이죠. 따라서 큰돈을 주고 어렵게 사들인 와인이 가짜 와인이라 하더라도 와인 셀라에 고이 모셔져 있으니 발각될 일이 없다는 것이죠.

그리고 아무리 가짜 와인이라 하더라도 병에 담겨 유통되는 순간, 발각될 가능성은 거의 제로에 가깝습니다. 해당 와인이 의심스러워 병을 따는 순간 그 증거는 사라지기 때문이죠.

게다가 일부 전문가들이 영혼 없이 뱉어내는 이상한 말은 가짜 와인을 식별하기 더 힘들게 만듭니다. 해당 와인이 가짜 와인일 가능성이 있는데도 맛이 이상하면 "이 와인은 여행의 충격을 받고 있어 제맛을 내지 못하고 있다" "와인의 운송 과정에서 흔들림이 있어 제맛이 나지 않고 있으니 한두 달 정도는 안정시킨 다음 마시는 게 좋은데 너무 서둘러 열었다" "와인은 아주 민감하고 살아 있는 조직이라서 조심히 다루지 않으면 맛이 변하게 된다"는 등 아주 이해하기 힘든 이상한 말도 합니다.

그리고 무엇보다 이런 초고가 와인을 사는 사람들 대부분은 그 와인의 맛을 정확하게 알지 못한다는데 있습니다. 한 병에 500만 원이 넘는 페트뤼스, 3,000만 원이 넘는 로마네 꽁띠는 물론이고 족히 100만 원을 웃도는 보르도 특급 와인을 자주 마시는 사람이 얼마나 될까요. 이런 와인을 자주 마시는 사람은 정말 돈이 많은 재벌가의 자손이 아닌 이상 이미 가산이 많이 탕진돼 더 이상 비싼 와인을 사먹을 여력이 없을 수도 있습니다. 또 재벌 집안일수록 오히려 검약한 경우가 많기 때문에 초고가 와인을 많이 먹지 않을 수도 있습니다.

초고가 와인은 해당 빈티지마다 맛이 미묘하게 다르고 아주 오래된 빈티지의 경우 보관 상태에 따라 전혀 다른 맛을 내기도 합니다. 하물며 이런 초고가 와인을 자주 접하지 않은 사람들이 가짜 와인을 접했을 때 이를 구별해낸다는 건 거의 불가능에 가깝습니다.

실제로 세계에서 가장 유명한 와인평론가 로버트 파커가 1921년산 페트뤼스 매그넘을 접하고 100점을 줬는데 해당 와이너리에서는 1921년 페트뤼스 매그넘을 생산한 적이 없다고 밝혀 화제가 되기도 했습니다. 2010년에 실제 벌어진 에피소드입니다.

또 2013년에는 세계 와인 업계를 뒤흔든 희대의 사기행각이 밝혀지기도 했습니다. 유독 로마네 꽁띠 1947년산에 집착해 '닥터 꽁띠' 또는 '닥터 47'로 불리는 '세계 와인업계의 큰손' 루디 쿠니아완의 집에서 로마네 꽁띠, 페트뤼스, 샤또 라피트 로췰드 등의 와

루디 쿠니아완

루디 쿠니아완의 집에서 발견된 위조 와인들

인 라벨 수천 장과 위조 와인 제조에 쓰인 빈병과 코르크 등이 발견돼 충격을 줬습니다. 그는 2006년에만 1만 2,000병의 와인을 팔았다고 합니다. 와인 전문가들은 쿠니아완의 가짜 와인들이 대부분 아시아, 그중에서도 속물근성이 많은 중국과 한국 등지에 흘러 들어갔다고 추측하고 있습니다.

초고가 와인을 동경하나요. 한번쯤 새겨볼 일이 아닐까요.

부르고뉴 와인을 좋아하면
왜 가산을 탕진할까

　로마네 꽁띠 한 병에 55만 8,000달러(6억 6,900만 원)…….
2018년 10월 뉴욕 소더비 경매에서 열린 1945년산 프랑스 부르고뉴
와인 로마네 꽁띠 한 병 가격입니다. 종전 기록 2억 6,000만 원을 훌
쩍 뛰어넘은 와인 경매 사상 최고가입니다. 와인에 있어서 1945년
빈티지는 지긋지긋하던 2차 세계대전이 끝난 해여서 서양인에게 큰
의미가 있는 해입니다. 더구나 전쟁으로 로마네 꽁띠 생산량이 예년
의 10분의 1 수준인 600병에 그치면서 희소성도 한몫했습니다.
　이는 상징적인 사례이긴 하지만 요즘 부르고뉴 와인 가격이 무섭
게 오르고 있습니다. 부르고뉴 와인이 오르는 이유는 세 가지입니
다. 한정 생산에 따른 희소성, 유명 평론가의 호들갑, 중국인의 묻지
마 소비가 겹치면서 이제 일부 유명 생산자가 만드는 와인은 부르는

게 값이 됐습니다.

실제로 세계에서 가장 비싼 와인 상위 10개 중 7개는 부르고뉴 와인입니다. 2017년 런던국제와인거래소(Liv-ex)가 전 세계 와인을 대상으로 실거래가격을 반영해 새롭게 등급을 매겼는데 부르고뉴 와인이 싹쓸이를 했습니다.

가장 비싼 와인은 역시 도멘 드 라 로마네 꽁띠(DRC)가 생산하는 로마네 꽁띠였습니다. 한 상자(750㎖ 12병) 가격이 무려 9만 8,732파운드(1억 5,056만 원)였습니다. 한 병당 가격은 1,254만 원입니다. 시중에서 팔리는 소매가격은 3,000만 원 안팎에 달합니다.

DRC 로마네 꽁띠 와인들.
로마네 꽁띠 한 병 가격이
4,900만 원에 달한다.

이어 DRC의 라 타슈La Tache가 2만 3,340파운드(3,559만 원)로 한 병당 296만 원을 기록했습니다. 이외에도 DRC의 리쉬부르Richebourg, DRC의 로마네 생 비방Romanee Saint Vivant, DRC의 그랑 에쎄조Grand Echezeaux, 아르망 후소의 샹베르탱 클로 드 베제Chambertin Clos de Beze, DRC의 에쎄조Echezeaux 등이 10위 안에 랭크됐습니다.

나머지 3개는 미국을 대표하는 컬트 와인 스크리밍 이글Screaming Eagle이 2만 610파운드로 3위에 오른 것과 보르도 우안의 생떼밀리옹 와인인 페트뤼스와 르 팽Le pin이 10위 안에 올랐습니다. 일반인에게

Liv-ex 2017 Classification - Rest of the World			
Class	Wine	Price*	Location
1st	DRC, Romanee Conti	£98,732	Burgundy
1st	DRC, Tache	£23,340	Burgundy
1st	Screaming Eagle	£20,610	USA
1st	DRC, Richebourg	£14,513	Burgundy
1st	DRC, Romanee Saint Vivant	£13,341	Burgundy
1st	DRC, Grands Echezeaux	£11,211	Burgundy
1st	Armand Rousseau, Chambertin Clos De Beze	£11,066	Burgundy
1st	DRC, Echezeaux	£10,293	Burgundy
1st	Armand Rousseau, Chambertin	£10,216	Burgundy
1st	Pingus	£5,617	Spain
1st	Masseto	£5,120	Italy
1st	Comte Vogue, Musigny Vv	£4,648	Burgundy
1st	Armand Rousseau, Gevrey Chambertin Clos St Jacques	£4,092	Burgundy
1st	Ponsot, Clos Roche Vv	£3,943	Burgundy
1st	Henschke, Hill Of Grace Shiraz	£3,455	Australia
1st	Jacques Prieur, Musigny	£3,249	Burgundy
1st	Penfolds, Grange	£3,045	Australia
1st	Louis Roederer, Cristal Rose	£2,919	Champagne
1st	Beaucastel, Chateauneuf Du Pape Hommage J Perrin	£2,565	Rhone
2nd	Mommessin, Clos Tart	£2,432	Burgundy
2nd	Comte Vogue, Bonnes Mares	£2,417	Burgundy
2nd	Armand Rousseau, Clos Roche	£2,412	Burgundy
2nd	Moet & Chandon, Dom Perignon Rose	£2,299	Champagne
2nd	Opus One	£2,259	USA
2nd	Armand Rousseau, Charmes Chambertin	£2,213	Burgundy
2nd	Guigal, Cote Rotie Landonne	£2,213	Rhone
2nd	Guigal, Cote Rotie Turque	£2,108	Rhone
2nd	Gaja, Sori San Lorenzo	£2,005	Italy
2nd	Guigal, Cote Rotie Mouline	£1,981	Rhone
2nd	Krug, Vintage Brut	£1,924	Champagne
2nd	Meo Camuzet, Clos Vougeot	£1,823	Burgundy
2nd	Vega Sicilia, Unico	£1,772	Spain
2nd	Joseph Faiveley, Chambertin Clos De Beze	£1,708	Burgundy
2nd	Armand Rousseau, Gevrey Chambertin Cazetiers	£1,629	Burgundy
2nd	Dominus	£1,581	USA
2nd	Domaine Jean-Louis Chave, Hermitage	£1,557	Rhone
2nd	Solaia	£1,343	Italy
2nd	Torbreck, Run Rig	£1,285	Australia
2nd	Giacomo Conterno, Barolo Cascina Francia	£1,227	Italy
2nd	Sassicaia	£1,226	Italy
2nd	Lambrays, Clos Lambrays	£1,159	Burgundy
2nd	Ornellaia	£1,146	Italy
2nd	Louis Roederer, Cristal	£1,143	Champagne
2nd	Marquis d'Angerville, Volnay Clos Ducs	£1,118	Burgundy
2nd	Bollinger, Rd	£1,093	Champagne
2nd	Comte Vogue, Chambolle Musigny	£1,060	Burgundy
2nd	Meo Camuzet, Vosne Romanee Chaumes	£1,011	Burgundy
2nd	Moet & Chandon, Dom Perignon	£985	Champagne
2nd	Jacques Frederic Mugnier, Chambolle Musigny	£964	Burgundy
2nd	Joseph Faiveley, Latricieres Chambertin	£883	Burgundy
2nd	Philipponnat, Clos Goisses Brut	£872	Champagne
2nd	Giuseppe Mascarello, Barolo Monprivato	£842	Italy
2nd	Beaucastel, Chateauneuf du Pape Roussanne Vv	£834	Rhone
2nd	Vougeraie, Clos Vougeot	£790	Burgundy
2nd	Taittinger, Comtes Champagne	£768	Champagne
2nd	Rothschild & Concha Y Toro, Almaviva	£743	Chile
3rd	Paul Jaboulet Aine, Hermitage Chapelle	£643	Rhone
3rd	Tignanello	£582	Italy
3rd	Fontodi, Flaccianello Pieve	£527	Italy
3rd	Clos Papes, Chateauneuf Du Pape	£514	Rhone
3rd	Denis Mortet, Gevrey Chambertin	£484	Burgundy
3rd	Petrolo, Galatrona	£452	Italy
4th	Chapoutier, Chateauneuf Du Pape Croix Bois	£434	Rhone
4th	Casa Lapostolle, Clos Apalta	£430	Chile
4th	Chapoutier, Chateauneuf Du Pape Barbe Rac	£409	Rhone
4th	Beaucastel, Chateauneuf Du Pape	£406	Rhone
4th	Vieux Telegraphe, Chateauneuf Du Pape	£347	Rhone
5th	Henri Gouges, Nuits Saint Georges Clos Porrets	£287	Burgundy

런던국제와인거래소
2017 빈티지 가격
출처_rest of the World

유명한 보르도의 특급 와인 라피트 로칠드는 5,533파운드, 라뚜르가 4,964파운드, 마고가 4,299파운드를 기록해 부르고뉴 DRC 와인 앞에서는 명함조차 못 내밀 정도입니다.

와인 애호가들 사이에서 "부르고뉴 와인을 좋아하게 되면 가산을 탕진한다"라는 말이 나오는 이유입니다. 우스갯소리로 하는 얘기 같지만 실제로 그렇습니다. 부르고뉴 와인 등급은 그랑크뤼Grand Cru, 프리미에 크뤼Premier Cru, 빌라주Village, 레지오날Regionale 이렇게 4개 등급으로 나뉩니다. 빌라주 등급 와인만 해도 한 병 가격이 웬만하면 10만 원을 쉽게 넘어갑니다. 프리미에 크뤼로 넘어가면 20만 원 안팎, 그랑크뤼로 올라가면 최소 50만 원에 달하며 유명 생산자일 경우는 100만 원도 가볍게 넘깁니다. 반면, 보르도 와인의 경우 몇몇 1등급 와인을 제외한 그랑크뤼 클라세 와인은 10만~50만 원 수준이니 상대적으로 저렴(?)해 보이기까지 합니다.

부르고뉴 와인은 왜 이렇게 비쌀까요. 부르고뉴 와인 가격은 보르도 와인과 다르게 한정판이라는 개념, 즉 희소성에 바탕을 두고 있기 때문입니다. 1936년 제정한 부르고뉴 와인 등급은 와인을 만드는 와이너리가 아니라 포도밭에 등급을 고정해놨습니다. 즉, 아무리 찾는 사람이 많아도, 가격이 두세 배 올라도 생산량을 늘릴 수 없다는 얘기입니다. 보르도 와인은 와이너리에 등급이 매겨져 있어 해당 와이너리가 다른 땅을 사 와인을 만들어도 해당 등급을 그대로 가져와 붙일 수 있습니다. 그러나 부르고뉴 와인은 절대로 불가능합니다.

그랑크뤼 포도밭은 부르고뉴에 있는 포도밭 수만 개 중 겨우 33개로 전체 생산량의 1.4%에 불과합니다. 또 프리미에 크뤼 포도밭도 635개로 전체 생산량의 10.1% 수준입니다.

세계 최고가 와인을 생산하는 DRC의 로마네 꽁띠 밭은 1.85㏊로 아주 작습니다. 축구장 2개가 채 안 되는 규모로 1년 생산량이 500상자(6,000병)에 불과합니다. 이 포도밭은 1512년 경작 이래 단 한 뼘도 변하지 않았습니다.

반면 보르도는 1등급 와이너리 한 곳당 최소 수십㏊의 포도밭을 보유하고 연간 수십만 병의 와인을 생산합니다. 게다가 포도밭이 계속 확장되면서 생산량은 계속 늘고 있습니다. 희소성이 가격의 차이를 만들고 있는 것입니다.

로마네 꽁띠는 돈이 있다고 살 수 있는 와인이 아닙니다. DRC 와이너리 오너 오베르 드 빌렌Aubert de Vilaine은 매년 고객들로부터 구매의 향서를 받아 로마네 꽁띠를 마실 자격이 있는지를 엄격히 심사합니다. 생산량이 워낙 한정적이다 보니 선택된 극소수 사람만이 와인을 받아볼 수 있는 것입니다. 그러다 보니 전 세계에서 돈이 많은 와인 애호가는 물론이고 이 와인을 투자 대상으로 삼는 사람들까지 가세해 가격이 계속 올라가고 있습니다.

부르고뉴에는 DRC말고도 스타 생산자가 몇 명 더 있습니다. '부르고뉴의 신'이라 불리던 와인 양조자 앙리 자이에Henri Jaier가 대표적입니다. 2006년 타계한 후 과거 그가 만든 와인들은 가격이 더 치솟

2006년 타계한 '부르고뉴의 신'으로 불리는
앙리 자이에

앙리 자이에 와인

앞습니다. 그가 처음 만들었다고 알려진 1985년 리쉬부르는 한 병에
무려 1만 5,195달러(1,773만 원)에 팔리기도 했습니다.

　DRC에 못지않은 명성을 지닌 랄루 비즈 르로아^{Lalou Bize Leroy} 여사의
'르로아^{Leroy}' 와인도 수년 전부터 가격이 급등하고 있습니다. 1933년
생으로 올해 90세가 되는 나이여서 언제 세상을 떠날지 모른다는 이

랄루 비즈 르로아
출처_도멘 르로아 홈페이지

유로 그녀의 와인을 사 모으는
사람들이 계속 늘고 있기 때문
입니다.

　유명 평론가들의 다소 호들갑
스런 평론도 큰 역할을 합니다.
와인이 생산되면 "근래에 유례
없는 최고의 빈티지"라고 호들

갑을 떨고 그 다음 해에는 "그 전년도에 못지않은 작황"이라며 와인 애호가들을 계속 자극합니다. 와인은 그해에 한번 생산되면 다시는 똑같은 와인이 나올 수가 없는 데다 한 해에 생산되는 양도 적어 서로가 앞다투어 웃돈을 주고 살 수밖에 없는 구조입니다.

여기에 속물근성이 가득한 중국인들이 가세하면서 가격은 더 오르고 있습니다. 중국인들이 와인을 사 모으는 것은 와인을 마시기보다는 수집의 대상으로 삼는 경우가 많다고 업계는 보고 있습니다. 하지만 워낙 큰손들이 많다 보니 프랑스산 고급 와인들을 싹쓸이하다시피 사들인다고 합니다. 한 중국인이 지난 2007년 말 프랑스 샤를 드골 공항 면세점에서 우리 돈으로 무려 6,000만 원어치 와인을 사 화제가 된 적도 있었습니다.

또 와인을 소재로 한 일본의 유명 만화작품『신의 물방울』이후 일본인들의 부르고뉴 사랑도 한몫하고 있습니다. 아시아권 거부들 중 2000년, 2005년, 2009년, 2010년, 2015년, 2016년 등 그레이트 빈티지로 소문난 와인을 얻기 위해 유럽의 와인상들에게 백지수표를 보내는 사람들도 있다고 합니다. 이러니 프랑스 와인, 특히 부르고뉴 와인의 콧대는 계속 높아지고 있습니다.

영국을 닮은 보르도, 프랑스 농부 같은 부르고뉴

"맛은 너무 밍밍하고 색깔은 왜 이렇게 흐려. 차라리 피를 마시는 게 낫겠어."(보르도 와인 애호가)

"너무 진하고 텁텁한 데다 타닌은 또 왜 이렇게 강한 거야. 이건 죽은 와인이야."(부르고뉴 와인 애호가)

진하고 복합적인 맛과 여리여리하고 섬세한 맛, 첨단기술로 무장한 양조 전문가와 투박하지만 고집스런 농부, 캐피털리스트Capitalist와 안티캐피털리스트Anticapitalist······.

세계 와인 산업을 대표하는 프랑스 보르도 와인과 부르고뉴 와인을 말할 때 종종 인용되는 비교입니다. 앞에 나열된 것은 보르도, 뒤쪽은 부르고뉴입니다. 보르도와 부르고뉴는 영원한 라이벌답게 맛과 향, 색깔 등 와인의 기본적인 요소는 물론이고 생산자와 생산방식까지 모든 면에서 정말 많이 다릅니다. 같은 구석이라고는 좀체 찾아볼 수 없어 상반된 느낌이라는 표현이 더 맞을 수도 있습니다. 영원한 라이벌 관계인 두 지역 와인, 어떻게 다른지 한번 살펴볼까요.

드넓은 포도밭 한가운데 자리한 호화로운 대저택 '샤또'의 정문으로 최고급 스포츠카 한 대가 유유히 들어섭니다. 녹색 잔디밭 샛길을 지나 현관문 앞에 멈춰선 빨간색 페라리에서 명품 캐주얼을 차려 입은 '도시 남자'가 시가를 물고 내립니다. 보르도의 와이너리를 떠올릴 때 제일 먼저 생각나는 풍경입니다.

보르도 포므롤에 위치한 샤또 가쟁 와이너리에서 메를로를 수확하는 모습

보르도 와이너리 오너들은 대부분 파리에 거주하면서 가끔 주말에 내려오거나 혹은 포도 수확기에만 보르도에 상주합니다. 이들은 근사한 자신의 샤또에서 성대한 파티를 열거나 아니면 가족끼리 조용히 쉬었다가 올라가곤 합니다.

보르도는 대서양과 접한 지리적 이점으로 일찍이 중세 때부터 유럽 각지에 와인을 수출하며 커다란 부를 쌓아왔습니다. 또 1800년대 중반에는 산업혁명으로 부를 축적한 프랑스 신흥 부자들이 보르도의 유명 와이너리를 대거 매입하면서 거대 자본의 옷으로 바꿔 입었습니다. 실제 보르도 샤또는 최첨단 연구소를 연상케 하는 양조시설을 갖추고 있는 곳이 많습니다. 최첨단 양조기법을 익힌 양조전문가들은 이제 변덕스런 보르도 기후도 크게 문제가 안 될 정도의 기술을 가지고 있습니다. 이 때문에 보르도 와인을 가장 자본집약적인 와인이라고 표현합니다.

반면 부르고뉴는 프랑스 내륙의 한적한 시골마을을 연상케 합니다. 그 유명한 로마네 꽁띠가 생산되는 본 로마네^{Vosne Romanee} 지역도 마찬가지입니다. 흙 묻은 투박한 손으로 모자를 지그시 눌러쓰고 포도밭을 돌며 묵묵히 일하는 일꾼들 속에는 와이너리 오너도 있습니다.

부르고뉴 와이너리를 가장 특징짓는 것은 '소규모 농장'과 '가족 경영'이라는 단어입니다. 프랑스 왕실과 수도원의 포도밭은 1789년 프랑스 혁명 시기에 몰수당한 후 일반인들에게 경매로 부쳐졌습니다. 커다란 규모의 포도밭이 농부들에게 배분되면서 소유권이 잘게 쪼개집니다. 이후 나폴레옹의 상속법 제정에 따라 장자 상속이 폐지되면서 포도밭은 더 세분화됐습니다. 부르고뉴 포도밭 거의 대부분이 소규모 가족 농장 형태로 운영되고 있는 이유입니다. 부르고뉴 와이너리나 도멘의 이름에 '아버지와 아들'을 뜻하는 '페레 에 피스Pere & Fils'가 많은 이유도 여기에 있습니다.

하지만 이처럼 소규모 가족 경영으로 운영되다 보니 부르고뉴 와인은 다양성이라는 큰 특징을 갖게 됩니다. 부르고뉴 와인은 각 가문마다 각자의 전통적인 양조기술이 있고 이게 자손들에게 이어지면서 모든 와이너리가 피노 누아 한 가지 품종으로 와인을 빚는데도 와인의 맛이 정말 천차만별입니다. 이 같은 다양성은 희소성으로 연결돼 부르고뉴 와인 가격이 계속 높아지고 있는 것이죠.

보르도 와인과 부르고뉴 와인의 다른 점은 또 있습니다. 레드 와인의 경우 보르도 와인은 까베르네 소비뇽이나 메를로를 중심으로 여러 품종을 섞어서 만들지만 부르고뉴 와인은 피노 누아 단일 품종으로 만듭니다.

보르도 와인은 지롱드강을 중심으로 바다를 바라보고 왼쪽에 있는 생떼스테프, 뿌이약, 생줄리앙, 마고 등은 까베르네 소비뇽을

까베르네 소비뇽 포도 송이
출처_샤또 데미라이 홈페이지

기반으로 메를로와 까베르네 프랑 등을 섞어 만듭니다. 오른쪽의 포므롤과 생떼밀리옹은 메를로를 중심으로 약간의 까베르네 프랑 등을 섞습니다. 두 지역 모두 그해 작황에 따라 비율에 약간씩 변화를 줘가며 와인의 맛을 최대한 일정하게 유지하고 있습니다.

보르도 와인의 주요 품종이 되는 까베르네 소비뇽은 레드 와인에서 가장 많이 사용되는 품종입니다. 포도알이 아주 작고 껍질이 두껍고 씨도 많습니다. 매력적인 산도와 아주 강한 타닌에 당도도 높아 숙성이 잘됩니다. 특히 와인이 묵을수록 타닌이 부드러워지면서 고급스런 맛을 내는 게 특징입니다.

메를로는 까베르네 소비뇽보다 단맛이 더 강하고 타닌은 상대적으로 적습니다. 향이 뛰어나며 질감은 부드럽고 감미롭습니다. 이 두

피노 누아 포도
출처_네그로 홈페이지

가지 품종이 섞이면 아주 진하고 복잡한 맛이 잘 어우러진 고급스러운 와인이 탄생됩니다.

반면 부르고뉴 와인은 피노 누아 한 가지 품종으로 만듭니다. 알이 크고 껍질이 얇고 색소가 적은 편에 속합니다. 그래서 와인을 빚으면 연한 색깔을 띕니다. 보르도 와인에 익숙한 사람이 피노 누아 와인을 처음 접하면 와인에 물을 탄 게 아닌가 하는 느낌까지 받습니다. 하지만 입에 넣어보면 기분 좋은 산도와 우아하고 복합적인 향, 가벼운 질감이 마실수록 묘한 매력에 빠져들게 만듭니다.

그러나 피노 누아는 재배하기가 여간 까다로운 품종이 아닙니다. 반드시 서늘한 기후와 배수가 잘되는 토양에서 자라야 합니다. 햇볕을 강하게 받으면 껍질이 얇아 금방 타들어가고 비가 많이 오면 아예 익지를 않습니다. 하지만 그런 피노 누아가 제대로 익었다 하면 그야말로 환상적인 맛을 냅니다. 딱 10년에 2~3번 정도만 그렇습니다. 그래서 부르고뉴 와인은 빈티지 영향을 더 많이 받습니다. 피노 누아는 포도 자체 구조가 아주 섬세해 와인을 빚을 때 미세한 차이만 나도 와인의 맛이 완전히 달라진다고 합니다. 유명 생산자냐 아니냐에 따라 부르고뉴 와인 값이 많게는 수백 배까지 차이 나는 이유입니다.

보르도 와인을 말할 때 영국을 먼저 떠올리는 와인 전문가들이 많습니다. 왜일까요. 프랑스 남서부에 위치한 보르도는 2세기부터 와인을 빚기 시작해 4세기에 이미 유명세를 떨치기 시작했습니다. 그

보르도 뿌이약에
위치한 샤또 피숑
롱그빌 꼼떼스
드 라랑드 저택 모습.
보르도에서 가장
아름다운 건축물로
손꼽힌다.

러나 보르도 와인이 진짜 유명해진 것은 앞에서도 이야기했다시피 백년전쟁의 시초가 됐던 아키텐 공국의 공주 알리에노르 때문입니다. 알리에노르가 프랑스 왕 루이 7세와 이혼하고 앙주의 백작이자 향후 잉글랜드 왕이 되는 헨리 2세와 재혼하면서부터 보르도는 잉글랜드와 인연을 맺게 됐습니다. 이후 300년간 영국이 소유권을 행사하면서 보르도 와인 산업은 급속하게 발전하기 시작합니다.

보르도 와인의 또 다른 특징은 숙성이 천천히 일어난다는 것입니다. 보르도 와인은 숙성이 덜 되면 떫은맛이 강하지만 시간이 지나 제대로 익기 시작하면 그 맛이 훨씬 좋아진다는 것을 안 것도 영국인입니다. 그래서 영국인들은 보르도 와인을 사서 쟁여뒀습니다. 반면 프랑스인들은 와인을 만들어 그해에 모두 마셔버렸습니다. 프랑스에서는 햇와인이 나올 시기가 되면 그 전해에 담근 와인은 가격이 뚝 떨어졌다고 합니다. 우스갯소리로 하는 '프랑스는 와인을 만들고,

영국은 와인을 평가한다'는 말이 여기서 나왔습니다. 영국인의 각별한 보르도 사랑이 오늘날 보르도 와인을 만들었다고 해도 틀린 말은 아닙니다.

　반면 부르고뉴 와인은 순수한 프랑스 농부의 이미지와 많이 겹칩니다. 프랑스 북동부에 위치한 부르고뉴는 1세기에 로마인들이 넘어오면서 포도 재배를 시작하고 와인을 만들기 시작했습니다. 로마인들이 물러난 후엔 가톨릭교회와 수도원을 중심으로 와인이 전해지고 십자군전쟁으로 큰 변화를 맞기 시작합니다. 특히 클뤼니 수도원에서 떨어져 나온 시토 수도회가 부르고뉴 와인 산업을 크게 발전시키게 됩니다.

끌로 드 부조의 샤또와 포도밭
출처_샤또 끌로 드 부조 사이트

그러나 오늘날 부르고뉴를 명품 와인산지로 만든 것은 부르고뉴 공작 필리프 2세입니다. 필리프 2세는 1395년 부르고뉴에서 가메^{Gamay} 품종의 포도나무를 모두 뽑아버리고 피노 누아 품종 한 가지만 심도록 명령을 내립니다. 가메 품종으로 와인을 만들면 그 맛과 향이 피노 누아에 미치지 못한다는 이유였습니

1395년 부르고뉴에서
가메 품종 재배를 금지한 필리프 2세

다. 당시 부르고뉴에서는 가메와 피노 누아 두 가지 품종이 재배됐는데 농부들이 가메를 선호하자 이 같은 조치를 내린 것입니다. 피노 누아는 재배하기가 워낙 까다로워 기후나 재배 방법에 따라 수확량이 크게 차이 난 반면, 가메는 병해에도 강하고 수확량도 많고 늘 일정했습니다.

프랑스 와인 산업을 대표하는 보르도 와인과 부르고뉴 와인은 이처럼 서로를 인정하지 않지만 분명 둘 다 세계가 인정하는 진정한 명품 와인입니다. 하지만 애호가들 사이에서는 호불호가 확실하게 나뉩니다.

정장을 잘 차려입은 '차도남(차가운 도시의 남자)' 같은 보르도 와인을 좋아하나요, 아니면 찢어진 청바지에 흰색 셔츠를 입은 '만찢남(만화를 찢고 나온 남자)' 같은 부르고뉴 와인에 눈길이 더 가나요.

영국인들의 클라레 사랑

술은 007 제임스 본드에게 배우라는 말이 있습니다. 물론 영화 속 주인공이지만 보드카 마티니를 즐겨 마시는 제임스 본드는 와인에 대해서도 해박한 지식을 가지고 있습니다.

1971년 개봉한 〈007 다이아몬드는 영원히〉에서 숀 코너리가 영화 끝자락에 호텔에서 여자 주인공과 식사를 하며 여운을 즐기는 장면이 나옵니다. 그때 룸서비스가 들어옵니다. 소믈리에로 분장한 스파이입니다.

그 직원은 "어떤 분이 선물을 전해달라"고 했다며 1955년산 샤또 무똥 로췰드를 보여줍니다. 와인이 오픈되고 코르크를 건네받은 숀 코너리는 "와인이 참 멋지군요. 그런데 이런 멋진 식사에는 클라레 Claret가 더 나았을 텐데요"라고 말합니다. 그러자 그 직원은 "불행히도 우리 셀라에는 클라레 재고가 바닥났습니다"라고 답합니다.

숀 코너리는 "무똥 로췰드가 클라레인데……. 이런 애프터 쉐이브 냄새 어디선가 맡아본 기억이 있는데 두 번 다 쥐(스파이) 냄새가 났었지"라고 말하며 그 직원을 순식간에 무력으로 제압합니다. 소믈리에라면 클라레가 프랑스 보르도 와인을 뜻한다는 것을 모를 리가 없었던 것이죠.

보르도 와인을 가리키는 클라레라는 말은 1860년 영불조약이 체결되면서 처음 등장했습니다. 영국과 프랑스는 1688년 '9년 전쟁'을 시작으로 1756년 '7년 전쟁', 1800년대 나폴레옹 전쟁까지 제국주의 패권을 놓고 치열한 전쟁을 계속했습니다. 전쟁 중 영국인이 프랑스 와인을 맛보는 것은 불가능했습니다. 그러던 중 1860년 영국 총리이

던 윌리엄 글래드스톤Wiliam Ewart Gladstone이 프랑스와 조약을 체결합니다. 덕분에 보르도 와인이 다시 들어오기 시작합니다. 200년 만에 보르도 와인을 마시게 된 영국인들은 감동했습니다. 맑은 루비빛에 담긴 향기로운 보르도 와인은 가히 천상의 맛이었습니다. 그들은 그 기쁨과

윌리엄 글래드스톤

총리에 대한 감사의 뜻을 담아 '글래드스톤 클라레Gladstone Claret'라고 불렀습니다.

'클라레 저그Claret Jug'. 골프 마니아라면 한번쯤 보았을 겁니다. 세계 최고의 권위를 자랑하는 브리티시 오픈British Open의 우승자가 들어 올리는 트로피입니다. '클라레'는 보르도 와인을 의미하며 '저그'는 와인을 담아 먹는 은으로 만든 주전자입니다. '디 오픈The Open'으로도 불

디 오픈 우승컵, 클라레 저그
출처_디 오픈 홈페이지

리는 이 대회는 세계에서 가장 오래된 역사를 자랑합니다. 영국 남부 로열세인트조지GC에서 열리며 총상금 규모가 131억 원에 달합니다. 1868년 처음 열린 디 오픈은 우승자에게 챔피언 벨트를 채워줬습니다. 챔피언 벨트는 우승자가 1년간 보관한 다음 다시 반납하는 것이었고 3년 연속 우승하면 그 벨트를 영구 보관할 수 있는 특혜를 줬습니다. 그런데 스코틀랜드 출신의 영 톰 모리스가 첫해부터 1870년까지 3년 연속 우승을 하며 벨트를 가져갑니다. 이 때문에 그 다음 해인 1871년은 벨트가 없어 대회가 열리지 못했습니다. 대회측은 1872년 우승자에게 주어지는 챔피언 벨트 대신 우승컵을 만들고 우승자에게는 컵의 하단에 이름을 새겨 넣기 시작합니다. 이게 그 유명한 클라레 저그입니다. 영국인이 보르도 와인을 얼마나 사랑했으면 자국의 골프 대회 우승컵을 클라레 저그로 만들었을까요. 그런데 그 클라레 저그를 처음 들어 올리며 첫 줄에 이름을 새긴 골퍼도 영 톰 모리스였습니다.

영 톰 모리스

재벌의 취미수집장이 된
보르도 와이너리

연둣빛 잎사귀가 색을 더해가는 보르도 메독의 한 포도밭 사이로 빨간색 스포츠카 한 대가 미끄러지듯 들어옵니다. 흩날리는 드레스 셔츠 속으로 파고드는 봄바람은 온몸의 솜털까지 간지럽힙니다. 입꼬리가 쓰윽 치켜 올라가는 한 사내의 미소에서 돈 냄새가 풀풀 납니다. 파리에서 몇 시간을 걸려 내려오는 주인의 등장에 웅장한 샤또의 정문은 활짝 열려 있습니다. 명품 스니커즈를 반짝이며 차문을 내려서는 이 사내는 오늘 밤 벌어질 멋진 파티 생각에 벌써 기분이 들떠 있습니다. 몇 시간 뒤면 아마도 자신의 와이너리에서 빚은 최고가 명품 와인을 마시며 잘 차려입은 여성들과 미뉴에트 춤곡에 맞춰 파티장을 돌고 있을지도 모릅니다.

영화 속 한 장면 같지만 어느 한 와이너리의 오늘 풍경일수도 있

보르도에 위치한 샤또 깡뜨메를르의 대저택
출처_샤또 깡뜨메를르

습니다. 보르도 와이너리는 '사치의 끝판왕'이라 불립니다. 사회적 명성과 부를 모두 거머쥔 상류층 부자들에게 보르도 와이너리를 소유한다는 것은 정말 극소수에게 한정된 최고 아이템을 가진다는 것을 의미합니다. 자신이 소유한 와이너리에서, 자신이 초대한 극소수의 사람들과, 자신이 만든 명품 와인을 즐기며 파티를 한다는 것은 생각만 해도 아주 즐거운 일입니다. 이 때문에 프랑스 부자들에게는 오래 전부터 보르도 와이너리를 갖는 것에 대한 아주 특별한 로망이 있었습니다.

일찍이 19세기부터 산업혁명으로 엄청난 부를 축적한 부자들은 너도나도 보르도로 달려갔습니다. 엄밀하게 말하면 보르도 좌안의 메독medoc 지역입니다. 우안인 생떼밀리옹Saint-Emillon이나 뽀므롤Pomerol은 와이너리 규모가 작아 자신의 부를 과시하기에는 맞지 않았습니다. 이들은 유명 와이너리를 손에 넣고 이에 걸맞은 고급 샤또를 경쟁적으로 짓기 시작합니다. 메독의 유명 샤또 건축물들이 이때부터 대거 생겨났습니다.

경제가 급속도로 부유해지고 궁정문화가 사회로 확산되기 시작하던 당시, 부자들이 자신이 가진 부와 고상한 품격을 드러내 보이기 위해서는 와이너리보다 좋은 것이 없었습니다. 한적한 샤또에서 최신 유행의 옷을 차려입고 고상한 춤을 추며 최고급 와인을 즐기는 파티는 가히 최고의 사교 모임이자 사업의 또 다른 연장선 역할을 했습니다.

로스차일드 가문의 샤또 무똥 로칠드와 샤또 라피트 로칠드도 이 당시 손 바뀜이 일어나 오늘날까지 그랑크뤼 클라세 1등급의 명성을 이어오고 있습니다. 샤또 무똥 로칠드는 로스차일드의 창업자인 마

샤또 몽로즈 와이너리 정문
출처_샤또 몽로즈 홈페이지

샤또 몽로즈의 와인파티 모습
출처_샤또 몽로즈 홈페이지

이어 암셸 로스차일드의 아들 다섯 명 중 '가장 자랑스런 아들' 네이선 로췰드 가문의 와이너리입니다. 그의 아들 너다니엘 드 로췰드가 1853년 샤또 브랑 무똥을 매입해 이름을 바꾼 와이너리입니다. 샤또 무똥 로췰드는 당시에도 아주 고품질 와인을 생산하던 유명한 와이너리였습니다. 영국 금융계를 장악했던 아버지의 후광으로 프랑스에서 금융 사업을 했던 너다니엘은 매일 밤 이곳에서 파티를 열며 프랑스 귀족사회를 파고들었다고 합니다.

샤또 라피트 로췰드 와이너리 로고
출처_샤또 라피트 로췰드 홈페이지

로췰드 가문은 15년 뒤인 1868년에 또 보르도 와인업계에 발을 디딥니다. 이번에는 마이어 암셸 로스차일드의 다섯 번째 아들 제임스 메이어 폰 로스차일드^{James Mayer von Rothschild}가 그랑크뤼 클라세 1등급에 빛나는 샤또 라피트^{Chateau Lafite}를 사들입니다. 이후 샤또 라피트 로췰드로 이름을 바꿉니다. 너다니엘의 막내 삼촌인 그가 매입한 샤또 라피트 로췰드는 포도밭이 135㏊에 달하는 엄청난 규모였으며 매입금액이 무려 4,400만 달러에 달했습니다. 샤또 라피트 로췰드는 그 당시에도 1등급 중 1위였으며 지금도 그랑크뤼 클라세 1등급 중 가장 윗부분에 자리하고 있습니다.

부자들의 보르도 와이너리 사랑은 지금까지도 이어지고 있습니다. 그랑크뤼 클라세 상위 등급와인 대부분은 프랑스 최고 재벌들이 소유하고 있습니다.

뽀이약의 그랑크뤼 클라세 1등급 와인 샤또 라뚜르는 구찌, 이브 생로랑, 보테가 베네타 등 명품 브랜드를 소유한 케링그룹 프랑수아 피노^{Francois Pinault} 명예회장이 가지고 있습니다. 세계 최대 미술품 수집 가이기도 한 그는 1993년 샤또 라뚜르 와이너리가 매물로 나오자 바로 사들입니다. 포도밭 65㏊(실제로는 47㏊)의 금액은 무려 1억 2,600만 달러였습니다. 사실 샤또 라뚜르는 보르도 뽀이약을 대표하는 특급 와이너리지만 1963년부터는 영국인이 주인이었습니다. '보르도의 왕자'로 불리는 니꼴라 드 세귀르^{Nicolas de Segur} 후작 가문이 파이낸셜 타임스(FT)를 소유한 피어슨 그룹과 그의 동반자 하비스 오브 브리스톨^{Harvey's of Bristol}이라는 두 회사에 지분 79%를 270만 달러에 넘기면서 소유가 영국인으로 바뀌었던 것이죠. 프랑수아 피노가 가격이 적정한지 여부를 따져보지도 않고 샤또 라뚜르를 사들인 것은 어찌 보면 콧대 높은 프랑스인 입장에서 프랑스를 상징하는 와이너리를 되찾는 데 가격이 문제가 아니었을 수도 있겠다는 생각도 듭니다.

생떼밀리옹의 최고가 와인 샤또 슈발 블랑Cheval Blanc과 소테른의 특1급 와인 샤또 디켐은 누가 소유하고 있을까요. 루이 비통, 에르메스, 디올, 펜디, 셀린느 등 럭셔리 브랜드를 가지고 있는 LVMHLouis Vuitton·Moet Hennessy 그룹입니다. LVMH는 세계에서 가장 많이 팔린다는 샴페인 모엣 샹동Moet & Chandon과 고급 꼬냑의 대명사 헤네시Hennessy도 소유하고 있습니다. 1998년 인수한 샤또 슈발 블랑은 샤또 오존Chateau Auzon과 함께 생떼밀리옹을 상징하는 프리미에 그랑크뤼 클라세 APremier Grand Cru Classe A 와인입니다. 샤또 디켐은 보르도에서 가장 비싼 스위트 와인으로 미국 독립선언서의 기초를 만든 미국 3대 대통령 토머스 제퍼슨이 가장 사랑한 와인으로 알려지고 있습니다.

샤또 라뚜르　　　샤또 라피트 로췰드　　　샤또 몽로즈　　　샤또 슈발 블랑

마고의 그랑크뤼 클라세 2등급 와인 샤또 로장 세글라Chateau Rauzan Segla와 생떼밀리옹의 프리미에 그랑크뤼 클라세 B 등급의 샤또 까농 Chateau Canon도 재벌이 소유하고 있습니다. 럭셔리 브랜드 샤넬Chanel입니다.

이밖에 생떼스테프의 그랑크뤼 클라세 2등급 와인 샤또 몽로즈 Chateau Montrose는 프랑스를 대표하는 건설 재벌 부이그Bouygues 그룹의 오너가 가지고 있습니다. 또 1855년 그랑크뤼 클라세에 오른 스위트 와인 샤또 기로Chateau Guiraud는 2002년 프랑스 자동차 푸조를 생산하는 FFP가 인수해 지금까지 소유하고 있습니다. 생떼밀리옹의 그랑크뤼 클라세 샤또 다쏘Chateau Dassault는 라팔 전투기를 생산하는 프랑스 굴지의 방산 재벌 다쏘Dassault가 주인입니다.

보르도 와이너리 파티는 정말 자주 열리고 그 화려함에서도 파리에서 열리는 파티와는 비교가 인 될 정도로 호화스럽다고 합니다. 오늘밤도 보르도의 어느 샤또에서는 재벌과 상류층 사회 사람들의 파티가 열리고 있을지도 모릅니다.

와인 좋아하시죠? 오늘 밤 조촐한 와인 파티 어떤가요. 허영과 허세가 없는 담백한 사람들을 초대해 세상 사는 이야기를 나눠보세요. 어쩌면 오늘 식탁에 오른 저렴한 데일리 와인이 보르도 파티장의 명품 와인보다 더 맛있을 수도 있습니다.

'밀당의 귀재'가 즐비한
최고가 와인의 세계 ——————

로마네 꽁띠, 페트뤼스, 르 팽, 스크리밍 이글…….

와인 마니아라면 이름만 들어도 설레는 최고가 와인들입니다. 한
병에 적어도 수백만 원, 많게는 수천만 원의 몸값
을 가진 이들 최고가 와인들은 웬만한 와인 마니
아라 하더라도 경험해본 경우가 많지 않습니다.
이들 명품 와인들은 다른 와인들이 쉽게 넘볼 수
없는 독보적인 맛과 향을 가지고 있습니다. 특히
역사가 깊은 프랑스 와인은 중세 이후의 오랜 문
화가 녹아 있습니다.

로마네 꽁띠는 프랑스 부르고뉴를 대표하는 최
고가 와인입니다. 시중에서 2000년대 빈티지를

DRC의 로마네 꽁띠

스크리밍 이글

구하려면 한 병에 적어도 3,000만 원은 줘야 하는 지구에서 존재하는 가장 비싼 와인입니다. 또 페트뤼스와 르 팽은 프랑스 보르도에서 가장 비싼 와인입니다. 한 병에 1,000만 원에 달하는 이 와인은 우리가 일반적으로 알고 있는 보르도 5대 특급 와인(라피트 로칠드, 마고, 라뚜르 등)의 5배에 달하는 엄청난 가격대를 형성하고 있습니다. 또 미국 컬트 와인의 대명사인 스크리밍 이글도 만만치 않은 몸값을 자랑합니다. 페트뤼스와 르 팽보다 더 큰 돈을 들여야 구입할 수 있습니다.

그러나 아무리 뛰어난 맛과 향을 가지고 있다고 하더라도 이 가격이 적정한 가격인지에 대해서는 어느 누구도 명확하게 설명하기는 어렵습니다. 다만 이런 고가 와인의 세계에서 철저하게 적용되는 법칙이 있습니다.

프랑스는 한 해 40억ℓ에 달하는 와인을 생산합니다. 와이너리만 해도 수백만 개에 달합니다. 그러나 이들 와인 거의 대부분 한 병에 1만 원에도 못 미치는 가격에 팔립니다. 그마저도 판로를 못 찾아서 공업용 알코올로 사용되기 위해 폐기되는 와인도 상당하다고 합니다. 그런데 최고가 명품 와인들은 한 병에 1,000만 원이 넘는 가격에도 서로 가져가겠다고 안달입니다. 정말 아이러니합니다.

보르도 우안에서 생산되는 최고가 와인 페트뤼스를 접해본 사람들은 "풀바디의 질감, 메독의 섬세한 맛, 생떼밀리옹의 부드러움, 부르고뉴 지브리 샹베르탱의 강직함까지 모두 녹아 있는 정말 황홀한 와인"이라고 표현합니다. 부드러운 맛이 특징인 메를로로만 만드는 와인이 이렇게 복잡하고 강건한 맛을 낸다니 정말 놀랍기도 합니다.

또 라피트 로칠드, 마고, 라뚜르, 오 브리옹, 무똥 로칠드 등 프랑스를 대표하는 와인으로 유명한 보르도 왼쪽 지방의 보르도 그랑크뤼 클라세 1등급 와인은 저마다 뛰어난 맛과 개성으로 수백 년 전부터 유럽인과 전 세계 마니아들을 홀려왔습니다. 까베르네 소비뇽을 기반으로 메를로, 까베르네 프랑 등을 블렌딩한 와인들로 복합적인 아로마와 뛰어난 균형미가 특징입니다.

라피트 로칠드는 두껍지 않은 여리여리한 바디에 절제된 균형미로 '와인의 귀족'으로 평가받고 있습니다. 라뚜르는 한 모금 마시면 입안을 꽉 채우는 묵직한 바디감이 일품인 강건한 와인으로 정평 나 있습니다. 마고는 섬세하고 부드러운 맛과 화사하게 피어오르는 향 때문에 '와인의 여왕'으로 불립니다. 무똥 로칠드는 깊고 어두운 붉은색 컬러에 아로마가 가장 화려하기로 유명하고, 오 브리옹은 부드러운 풍미에서 피어오르는 독특한 트러플 향기가 일품입니다.

보르도 5대 특급 와인은 각 지역을 대표하는 독보적 명품이지만 페트뤼스는 이들 와인보다 대여섯 배가 넘는 가격대를 형성하고 있습니다. 5대 특급 와인은 시중가격이 150만 원 정도, 페트뤼스는 시중 가격이 1,000만 원에 달합니다. 5대 특급 와인이 와인의 오랜 역사로 보나 품질로 따져봐도 페트뤼스에 밀리지 않을 텐데 가격은 왜 이렇게 차이가 날까요.

페트뤼스와 5대 특급 와인은 생산량이 완전히 다릅니다. 그랑크뤼 클라세 1등급 중 최고라는 라피트 로칠드와 비교해볼까요. 라피트 로칠드는 포도밭 100ha에서 한 해 48만 병 정도를 생산합니다. 반면 페트뤼스는 포도밭이 10.9ha로 작아 연간 생산량이 4만~5만 병 수준입니다. 포도밭도 생산량도 10분의 1 수준이니 당연히 시중에서 페트뤼스를 보기가 쉽지 않습니다. 이런 희소성의 차이가 두 와인의 가격 차이로 나타나는 것입니다.

이 같은 희소성의 원리는 같은 브랜드에서도 확연하게 드러납니다. 프랑스 부르고뉴 본 로마네 마을의 도멘 드 라 로마네 꽁띠(DRC)가 생산하는 로마네 꽁띠는 지구상에서 가장 비싼 와인입니다. 시중가격이 한 병에 2,000만~3,000만 원에 달합니다. 이 와인을 마셔보면 진한 딸기 향을 기반으로 온갖 꽃내음이 하나하나 구분돼 들어오는 그런 느낌을 준다고 합니다.

같은 와이너리에서 생산하는 명품 와인인 라 타슈나 리쉬부르도 이에 못지않은 뛰어난 품질을 자랑합니다. 일부 마니아는 오히려 라 타슈나 리쉬부르의 품질이 낫다는 사람들도 있습니다.

그러나 가격은 로마네 꽁띠가 너댓 배 비쌉니다. 런던국제와인거래소(Liv-

DRC의 라 타슈   DRC의 리쉬부르

ex) 기준으로 라 타슈 1박스 가격은 2만 3,340파운드(3,437만 원), 리쉬부르는 1만 4,513파운드(2,137만 원)입니다. 반면 로마네 꽁띠 1박스 가격은 9만 8,732파운드(1억 4,543만 원)에 달합니다.

로마네 꽁띠는 포도밭이 정말 작습니다. 면적이 1.63㏊로 한 해 겨우 600상자(7,200병) 정도만 생산됩니다. 반면 이웃한 라 타슈는 5.03㏊, 리쉬부르는 7.40㏊의 포도밭에서 생산됩니다. 결국 생산량의 차이가 가격을 이처럼 벌린 것입니다.

이런 희소성 원리를 가장 잘 활용한 게 1980년대 미국 나파밸리 컬트 와인들입니다. 컬트 와인은 '숭배'를 뜻하는 라틴어 'cultus'에서 유래된 말로 소규모 와이너리에서 아주 한정된 양의 고품질 와인을 생산하는 와인입니다. 스크리밍 이글이나 할란 이스테이트Harlan Estate 등이 대표적입니다. 와인을 사려면 먼저 구매자 명단에 이름을 올려야 합니다. 이후 와이너리에서 엄격한 자격심사를 거친 후 판매 여부를 결정합니다. 만일 메일을 받았다면 구매 자격심사를 통과한 것입니다.

정말 이상한 구조입니다. 구매 여부를 사는 사람이 아닌 파는 사람이 결정한다니……. 나파밸리 와인의 흥행과 지금의 위상은 세계 최고 영향력을 가진 미국인 와인 평론가 로버트 파커가 만들었습니다. 그가 매년 내보내는 와인평가보고서『와인 애드보케이트Wine Advocate』에서 100점을 남발하면서 나파밸리 와인 가격은 한순간에 다락같이 치솟았습니다.

Class	Wine	Price*	Location
1st	DRC, Romanee Conti	£98,732	Burgundy
1st	DRC, Tache	£23,340	Burgundy
1st	Screaming Eagle	£20,610	USA
1st	DRC, Richebourg	£14,513	Burgundy
1st	DRC, Romanee Saint Vivant	£13,341	Burgundy
1st	DRC, Grands Echezeaux	£11,211	Burgundy
1st	Armand Rousseau, Chambertin Clos De Beze	£11,066	Burgundy
1st	DRC, Echezeaux	£10,293	Burgundy
1st	Armand Rousseau, Chambertin	£10,216	Burgundy
1st	Pingus	£5,617	Spain
1st	Masseto	£5,120	Italy
1st	Comte Vogue, Musigny Vv	£4,648	Burgundy
1st	Armand Rousseau, Gevrey Chambertin Clos St Jacques	£4,092	Burgundy
1st	Ponsot, Clos Roche Vv	£3,943	Burgundy
1st	Henschke, Hill Of Grace Shiraz	£3,455	Australia
1st	Jacques Prieur, Musigny	£3,249	Burgundy
1st	Penfolds, Grange	£3,045	Australia
1st	Louis Roederer, Cristal Rose	£2,919	Champagne
1st	Beaucastel, Chateauneuf Du Pape Hommage J Perrin	£2,565	Rhone
2nd	Mommessin, Clos Tart	£2,432	Burgundy
2nd	Comte Vogue, Bonnes Mares	£2,417	Burgundy
2nd	Armand Rousseau, Clos Roche	£2,412	Burgundy
2nd	Moet & Chandon, Dom Perignon Rose	£2,299	Champagne
2nd	Opus One	£2,259	USA
2nd	Armand Rousseau, Charmes Chambertin	£2,213	Burgundy
2nd	Guigal, Cote Rotie Landonne	£2,213	Rhone
2nd	Guigal, Cote Rotie Turque	£2,108	Rhone
2nd	Gaja, Sori San Lorenzo	£2,005	Italy
2nd	Guigal, Cote Rotie Mouline	£1,981	Rhone
2nd	Krug, Vintage Brut	£1,924	Champagne
2nd	Meo Camuzet, Clos Vougeot	£1,823	Burgundy
2nd	Vega Sicilia, Unico	£1,772	Spain
2nd	Joseph Faiveley, Chambertin Clos De Beze	£1,708	Burgundy
2nd	Armand Rousseau, Gevrey Chambertin Cazetiers	£1,629	Burgundy
2nd	Dominus	£1,581	USA
2nd	Domaine Jean-Louis Chave, Hermitage	£1,557	Rhone
2nd	Solaia	£1,343	Italy
2nd	Torbreck, Run Rig	£1,285	Australia
2nd	Giacomo Conterno, Barolo Cascina Francia	£1,227	Italy
2nd	Sassicaia	£1,226	Italy
2nd	Lambrays, Clos Lambrays	£1,159	Burgundy
2nd	Ornellaia	£1,146	Italy
2nd	Louis Roederer, Cristal	£1,143	Champagne
2nd	Marquis d'Angerville, Volnay Clos Ducs	£1,118	Burgundy
2nd	Bollinger, Rd	£1,093	Champagne
2nd	Comte Vogue, Chambolle Musigny	£1,060	Burgundy
2nd	Meo Camuzet, Vosne Romanee Chaumes	£1,011	Burgundy
2nd	Moet & Chandon, Dom Perignon	£985	Champagne
2nd	Jacques Frederic Mugnier, Chambolle Musigny	£964	Burgundy
2nd	Joseph Faiveley, Latricieres Chambertin	£863	Burgundy
2nd	Philipponnat, Clos Goisses Brut	£872	Champagne
2nd	Giuseppe Mascarello, Barolo Monprivato	£842	Italy
2nd	Beaucastel, Chateauneuf du Pape Roussanne Vv	£834	Rhone
2nd	Vougeraie, Clos Vougeot	£790	Burgundy
2nd	Taittinger, Comtes Champagne	£768	Champagne
2nd	Rothschild & Concha Y Toro, Almaviva	£743	Chile
3rd	Paul Jaboulet Aine, Hermitage Chapelle	£643	Rhone
3rd	Tignanello	£582	Italy
3rd	Fontodi, Flaccianello Pieve	£527	Italy
3rd	Clos Papes, Chateauneuf Du Pape	£514	Rhone
3rd	Denis Mortet, Gevrey Chambertin	£484	Burgundy
3rd	Petrolo, Galatrona	£452	Italy
4th	Chapoutier, Chateauneuf Du Pape Croix Bois	£434	Rhone
4th	Casa Lapostolle, Clos Apalta	£430	Chile
4th	Chapoutier, Chateauneuf Du Pape Barbe Rac	£409	Rhone
4th	Beaucastel, Chateauneuf Du Pape	£406	Rhone
4th	Vieux Telegraphe, Chateauneuf Du Pape	£347	Rhone
5th	Henri Gouges, Nuits Saint Georges Clos Porrets	£287	Burgundy

Liv-ex 2017 Classification - Rest of the World

Liv-ex
글로벌 와인 가격
상위 리스트
(2017년 기준)

미국을 대표하는 컬트 와인 스크리밍 이글은 런던국제와인거래소 기준 한 박스 가격이 2만 610파운드(3,035만 원)으로 페트뤼스보다도 비쌉니다. 이 한 병 값이면 보르도 특급 와인인 라피트 로췰드 4병을 먹을 수 있습니다.

세계 최고가 와인의 세계는 이처럼 별천지입니다. 그러나 가격이 꼭 품질을 대변하는 것은 아닙니다. 보르도 그랑크뤼 클라세만 하더

Liv-ex 2017 Classification - Left Bank Bordeaux				
Wine	2017	2015	1855	Price*
Lafite Rothschild	1st	1st	1st	£5,533
Latour	1st	1st	1st	£4,964
Margaux	1st	1st	1st	£4,299
Mouton Rothschild	1st	1st	2nd	£4,115
Haut Brion	1st	1st	1st	£3,781
Mission Haut Brion	1st	1st	-	£2,500
Palmer	2nd	2nd	3rd	£1,853
Leoville Las Cases	2nd	2nd	2nd	£1,495
Montrose	2nd	2nd	2nd	£1,256
Cos d'Estournel	2nd	2nd	2nd	£1,247
Ducru Beaucaillou	2nd	2nd	-	£1,154
Smith Haut Lafitte	2nd	2nd	-	£1,107
Lynch Bages	2nd	2nd	5th	£1,056
Pichon Lalande	2nd	2nd	2nd	£1,032
Pichon Baron	2nd	2nd	2nd	£966
Pape Clement	2nd	2nd	-	£916
Pontet Canet	2nd	2nd	5th	£900
Leoville Poyferre	2nd	2nd	2nd	£834
Haut Bailly	2nd	2nd	-	£813
Leoville Barton	2nd	3rd	2nd	£744
Beychevelle	3rd	3rd	4th	£676
Calon Segur	3rd	3rd	3rd	£676
Rauzan Segla	3rd	3rd	2nd	£594
Lascombes	3rd	3rd	2nd	£575
Brane Cantenac	3rd	3rd	2nd	£563
Gruaud Larose	3rd	3rd	2nd	£533
Lagune	3rd	4th	3rd	£530
Grand Puy Lacoste	3rd	3rd	5th	£523
Domaine Chevalier	3rd	3rd	-	£522
Clerc Milon	3rd	3rd	5th	£504
Duhart Milon	3rd	3rd	4th	£497
Malescot St Exupery	3rd	3rd	3rd	£491
Talbot	3rd	4th	4th	£480
Issan	3rd	4th	3rd	£445
Giscours	4th	4th	3rd	£434
Branaire Ducru	4th	4th	4th	£380
Lagrange Saint Julien	4th	4th	3rd	£371
Langoa Barton	4th	4th	3rd	£367
Clos Marquis	4th	-	-	£354
Batailley	4th	4th	5th	£347
Armailhac	4th	4th	-	£330
Haut Batailley	4th	5th	5th	£326
Gloria	4th	5th	-	£314
Lafon Rochet	5th	5th	4th	£295
Tertre	5th	5th	5th	£291
Haut Bages Liberal	5th	5th	5th	£285
Chasse Spleen	5th	-	-	£277
Cantemerle	5th	-	5th	£274

Liv-ex 2017 Classification - Right Bank Bordeaux			
Wine	2017	2015	Price*
Petrus	1st	1st	£18,961
Pin	1st	1st	£16,415
Ausone	1st	1st	£4,965
Cheval Blanc	1st	1st	£4,606
Lafleur	1st	1st	£4,106
Angelus	1st	1st	£2,696
Pavie	2nd	2nd	£2,365
Mondotte	2nd	-	£1,880
Trotanoy	2nd	2nd	£1,552
Fleur Petrus	2nd	2nd	£1,487
Evangile	2nd	-	£1,384
Vieux Chateau Certan	2nd	2nd	£1,328
Tertre Roteboeuf	2nd	2nd	£1,269
Eglise Clinet	2nd	2nd	£1,254
Chapelle Ausone	2nd	2nd	£1,146
Conseillante	2nd	2nd	£1,055
Troplong Mondot	2nd	2nd	£1,010
Hosanna	2nd	2nd	£993
Clinet	2nd	-	£896
Figeac	2nd	2nd	£807
Clos L'Eglise	2nd	-	£759
Canon	2nd	-	£720
Clos Fourtet	2nd	2nd	£702
Larcis Ducasse	2nd	-	£609
Fleur Morange	3rd	-	£587
Gazin	3rd	-	£569
Canon Gaffeliere	3rd	-	£514
Pavie Macquin	3rd	-	£441
Tour Figeac	4th	-	£343

Liv-ex 보르도 좌안 와인
가격 상위 리스트(2017년 기준)

Liv-ex 보르도 우안 와인
가격 상위 리스트(2017년 기준)

샤또 글로리아   샤또 소시앙도 말레   샤스 스플린

라도 61개 리스트에 들지 못했지만 정말 훌륭한 품질을 보이는 와인들이 많습니다. 물론 가격은 이들 그랑크뤼 클라세보다 훨씬 저렴합니다. 저는 좋은 자리에서 샤또 글로리아Chateau Gloria나 샤또 샤스 스플린Chateau Chasse Spleen, 샤또 소시앙도 말레Chateau Sociando Mallet를 즐겨 마십니다. 빈티지에 따라 다르지만 발품만 잘 팔면 시중에서 5만~8만 원 수준에 구입할 수 있는 아주 좋은 와인들입니다.

최고가 와인의 세계 - 프랑스
스토리텔링을 마신다

길을 가다가 우연히 람보르기니나 페라리 같은 세계 최고 가 명품 스포츠카를 보고 눈길이 한동안 떠나지 않는 경우가 많습니 다. 도로에 쫙 달라붙어 달리며 그르렁대는 배기음은 차치하더라도 한 대에 10억 원 가까운 가격만으로도 눈길을 붙잡아 맵니다. 와인 세계에도 이 같은 명품들이 많이 있습니다. 한 병에 100만 원을 넘는 것부터 수천만 원에 달하는 이들 명품 와인은 일반인들이 범접할 수 없는 그들만의 세계이기도 합니다. 그러나 와인을 좋아하는 사람이 라면 마니아 세계에서 자주 언급되고 인용되는 와인들인 만큼 어떤 와인인지는 알아둘 필요가 있습니다.

세계에서 명품 와인이 가장 많은 나라는 단연 프랑스입니다. 와인 종주국답게 보르도, 부르고뉴, 론, 샹파뉴 등 최고의 와인산지가 많

가론강과 도르도뉴강이 합쳐져 흐르는 지롱드강은 대서양으로 연결된다.

은 데다 세계 최고 품질의 명품 와인들이 이곳에서 나기 때문입니다. 특히 세계 와인의 수도로 불리는 보르도는 명품 와인들이 즐비합니다.

보르도의 제왕은 단연 페트뤼스입니다. 보르도 우안 포므롤Pomerol에서 생산되는 이 와인은 한 병에 최소 500만 원 이상, 좋은 빈티지는 1,000만 원을 줘야 코르크를 열 수 있습니다. 페트뤼스를 접하면 처음에는 부드러우면서도 복합적인 향이 인상적이지만 점차 강인한 힘에 압도당하는 그런 와인이라고 전문가들은 말합니다. 둥글둥글한 맛과 향이 특징인 메를로 단일 품종으로 만들어지는데도 마시는 사람마다 그 힘찬 맛에 깜짝 놀란다고 합니다. 페트뤼스는 보르도를 대표하는 와인이지만 가장 보르도스럽지 않은 와인이기도 합니다. 보르도는 여러 품종을 혼합하는 블렌딩을 통해 복합적인 맛을 추구하는 와인인데 이 와인은 메를로 한 가지 품종만 사용하기 때문입니다.

페트뤼스 와인의 비밀은 포도밭 표층 아래 80㎝ 밑에서부터 형성된 독특한 점토층에 있다고 알려져 있습니다. 페트뤼스의 복잡한 맛이 바로 이 푸른 점토층에서 온다고 합니다.

페트뤼스 와이너리는 1750년에 설립됐지만 당시엔 지금의 명성이 절대 아니었습니다. 페트뤼스가 유명해지게 된 것은 1945년 이후부터입니다. 당시 와이너리 주인이던 마담 루바Madame Loubat가 네고시앙이던 장 피에르 무엑스Jean Pierre Moueix와 생산-유통을 담당하는 계약을 맺으면서 획기적으로 품질이 향상되는 대전환기를 맞게 됩니다.

특히 페트뤼스를 좋아하던 미국의 존 에프 케네디 대통령이 1970년대부터 가족 행사에 이 와인을 사용한다는 게 알려지면서 돈 많은 컬렉터들의 필수 수집목록이 됐습니다. 우리나라에서는 지난 2017년에

보르도 그랑크뤼 클라세
1등급 샤또

배우 이병헌이 군에 입대하는 아이돌 그룹 빅뱅의 탑에게 이 와인을 선물하면서 많이 알려지게 되었습니다.

그러나 와인 전문가 대부분은 보르도 최고 와인을 언급할 땐 반드시 '5대 샤또'를 먼저 꼽습니다. 5대 샤또 와인은 중세 때부터 지금까지 프랑스를 비롯한 유럽 역사가 고스란히 담겨 있기 때문입니다.

메독 그랑크뤼 클라세 1등급 와인인 라피트 로칠드, 마고, 라뚜르, 오 브리옹, 무똥 로칠드는 보르도의 상징이며 저마다 강한 개성과 독특한 맛을 뽐내고 있습니다. 또 전통을 기반으로 끊임없는 품질 혁신을 통해 세계 와인시장을 이끌어오고 있습니다.

특히, 라피트 로칠드는 보르도의 진정한 귀족입니다. 부드럽고 섬세한 맛에 무겁지 않은 질감은 가히 우아함의 극치를 보여줍니다. 그럼에도 숙성력이 뛰어나고 보관 기간이 가장 긴 독특한 와인입니다. 만약 라피트 로칠드의 생산량이 페트뤼스처럼 적다면 가격이 지금과 다르게 형성됐을 겁니다. 라피트 로칠드는 포도밭 면적이 100㏊에 달하며 한해 48만 병이 생산됩니다. 반면 페트뤼스는 포도밭 면적 10.9㏊에서 연간 5만 병 이하의 와인을 만듭니다.

프랑스 남부에 위치한 론Rhone 지방에서도 유서 깊은 와인들이 나옵니다. 에르미타주Hermitage 와인입니다. 시라 단일 품종으로 만드는 와인으로 진한 루비 빛깔에 말린 자두향과 매운 후추향 등 독특한 풍미를 가진 게 특징입니다.

이 와인은 십자군 전쟁이 한창이던 1235년 가스파르 드 스테랑베르Gaspard de Sterimberg라는 기사가 전쟁에서 입은 상처를 치유하고 자신이 저지른 살상을 참회하기 위해 자신의 고향으로 돌아가지 않고 론 지방에 머물며 시작됐습니다. 그는 언덕에 작은 교회를 짓고 포도 농사를 지으며 은둔 생활을 했습니다. '에르미타주'는 프랑스어로 '은둔자'를 뜻하며 '라 샤펠'은 '작은 교회'라는 뜻입니다.

폴 자불레 애네의 소유주가 에르미타주 라 샤펠의 상징이 된 교회를 배경으로 서 있다.
출처_폴 자불레 애네 인스타그램

이 와인은 지난 2010년 스위스 제네바의 크리스티 경매에서 폴 자불레 애네의 1961년산 에르미타주 라 샤펠 와인 6병이 든 한 상자가 10만 9,250스위스프랑(1억 1,115만 원)에 팔렸습니다. 한 병당 1,850만 원에 팔린 셈인데 이는 스위스 경매 사상 최고가였다고 합니다.

폴 자불레 애네의 에르미타주 라 샤펠

하지만 지구상에서 가장 비싼 와인은 부르고뉴에 몰려 있습니다. 꼬뜨 드 뉘 지역에서 피노 누아 단일 품종으로 만드는 와인들로 도멘 드 라 로마네 꽁띠(DRC)가 생산하는 로마네 꽁띠나 도멘 르로아의 뮈지니Musigny 등은 한 병

르로아 상볼 뮈지니

에 1,000만 원을 훌쩍 넘깁니다. 특히 로마네 꽁띠는 돈이 있어도 구할 수 있는 와인이 아닙니다. 한 해에 고작 6,000병만 생산돼 워낙 희귀한 데다 와이너리에서 구매리스트를 받아 심사한 후 판매자를 가려 팔기 때문입니다. 힘들게 구매가 허락되더라도 12병이 들어 있는 한 상자를 사야 합니다. 그런데 이 상자에 로마네 꽁띠는 단 한 병만 들어있습니다. 나머지는 리쉬부르, 라 타슈 등 DRC에서 생산하는 다른 와인들이 같이 섞여 있습니다. 끼워 팔기를 하는 셈이죠. 그럼에도 로마네 꽁띠를 구하려는 사람들이 줄을 섭니다.

DRC의 로마네 꽁띠는 아주 여리여리한 빛깔이 특징인데 입에 넣으면 여러 가지 과일 향과 꽃향기가 한가득 들어온다고 합니다. 일부는 향수를 마신다는 표현까지 동원하기도 합니다. 부드러운 질감과 길게 이어지는 피니시는 말할 것도 없습니다.

끼워 팔기 대상 중 하나인 라 타슈도 정말 훌륭한 와인입니다. 진한 색깔에 두꺼운 질감과 강렬한 향이 일품이고, 리쉬부르는 정연한 질감을 기본으로 아주 맑은 향기가 고급스럽기 그지없다고 합니다.

도멘 르로아Domain Leroy도 부르고뉴의 대표 얼굴입니다. '부르고뉴의 살아 있는 전설'로 불리는 랄루 비즈 르로아Lalou Bize Leroy 여사가 만드는 와인들은 부르고뉴는 물론 전 세계 와인시장에서 독보적인 입지를 구축하고 있습니다. 특히 르로아가 만든 뮈지니 와인은 한 병 가격이 평균 1만 4,000달러(1,680만 원)대에 달합니다.

르로아는 1933년생으로 3살 때부터 와인 테이스팅을 시작했다는 천재적인 미각의 소유자입니다.

르로아 와인은 필터링을 하지 않아 투명하지 않은 와인으로 유명합니다. 강력한 산미를 바탕으로 뛰어난 풍미와 깊고 부드러운 맛이 일품인 독보적 품질을 자랑하는 와인입니다.

르로아 와인은 독특한 병입 방법으로도 유명합니다. 코르크를 막을 때 병에 와인이 가득 차 있는 상태에서 밀어 넣어 와인이 흘러넘치게 합니다. 이렇게 하면 와인이 코르크와 엉겨 붙어 산소 침입을 막게 됩니다. 일부에서는 르로아 와인이 DRC의 와인보다 더 뛰어나다고 말하는 사람도 많습니다.

화이트 와인으로는 부르고뉴 꼬뜨 드 본의 몽라셰Montrachet와 상파뉴의 샴페인에도 최고가 와인이 있습니다. 몽라셰 중 최고봉은 필리니 몽라셰 지역에서 나는 도멘 르플레브Domain Leflaive의 바타르 몽라셰Batard Montrachet입니다. 한 병에 족히 1,000만 원이 넘는 가격을 형성하고 있습니다. 몽라셰는 샤르도네를 사용해 만드는 와인으로 달콤한 꽃향기와 독특한 산미, 진한 풍미가 특징입니다.

르플레브 퓔리니 몽라셰

아르망 드 브리냑Armand de Brignac은 샴페인 세계에서 독특한 입지를 구축한 와인입니다. 250년 역사의 샴페인 명가 까띠에 패밀리^{Cattier}
Family가 생산하는 이 샴페인은 한 병 가격
이 100만 원 안팎에 달합니다. 샤르도네
40%, 피노 누아 40%, 피노 뮈니에 20%로
블렌딩되며 황금빛 보틀에 일일이 주석
라벨을 새겨 넣은 화려한 외관이 특징입
니다. 연간 생산량이 4,000케이스로 대중
적인 샴페인 돔 페리뇽의 1%에도 미치
지 못하는 희소성을 자랑합니다. 첫 번째

아르망 드 브리냑

압착을 통해 얻은 가장 순수한 과즙을 사용해 산미가 뛰어나고 아로
마가 환상적입니다. 입에 넣어보면 섬세한 과일향과 함께 꽃향기가
휘몰아치고 고소한 브리오슈 향이 버무려진다고 합니다.

최고가 와인의 세계 – 이탈리아, 스페인
고집스런 괴짜들의 향연

    흙 묻은 멜빵바지를 입은 땅딸막한 키의 한 노인이 투덜대며 포도밭을 돌아다닙니다. 포도나무를 매만지는 일꾼들의 손이 조금이라도 맘에 안 들면 금세 큰 호통이 떨어집니다. 잔소리를 해대는 목소리에선 꼬장꼬장하고 불같은 성격이 그대로 드러납니다. 어둑어둑해질 무렵, 지하 셀라로 향하는 그의 등 뒤에선 오로지 최고의 와인을 만들어내고야 말겠다는 고집불통의 집념이 묻어납니다. 오늘도 그는 축축하고 차가운 지하 셀라의 커다란 캐스크 옆에서 조각 잠을 청할 예정입니다.

    지앙프랑코 솔데라Gianfranco Soldera, 비욘디 산티Biondi santi, 쟈코모 콘테르노 몬포르티노Giacomo Conterno Monfortino 등 이탈리아의 명품 와인을 볼 때면 이 같은 장인의 이미지가 겹쳐집니다. 세계 최고가 와인세계는 프랑스의 독무대입니다. 하지만 이탈리아에서는 상식을 뒤집는 정말 괴짜 같은 와인들이 종종 나옵니다. 바로 이 같은 장인들이 있기 때문입니다.

부르넬로 디 몬탈치노Brunello di Montalcino나 바롤로 등 이탈리아 명품 와인은 부르넬로Brunello나 네비올로Nebbiolo 등 단 한 가지 품종으로 만들어집니다. 단일 품종만으로 최고 와인을 빚는다는 것은 그만큼 경우의 수가 없다는 것을 의미합니다. 블렌딩 와인은 그해 작황이 안 좋아도 포도 품종 비율을 조정해 어느 정도는 보완이 가능하지만 단일 품종으로 와인을 만들 땐 이게 불가능합니다. 오로지 완벽하게 재배된 포도와 한 치의 실수도 허용하지 않는 양조기술이 합쳐져야만 명품 와인이 탄생하기 때문입니다.

이탈리아 토스카나주 몬탈치노 지방의 솔데라Soldera 와인은 부르넬로 와인의 최고봉입니다. '백합꽃'을 뜻하는 이름의 솔데라는 솔데리카제 바세Soldera Case Basse라는 와이너리에서 나옵니다. 몬탈치노 지역에서 가장 비싼 와인이며, 미국 뉴욕의 경매시장에서 이탈리아 와인 중 가장 선호하는 명품입니다.

빈티지에 따라 다르지만 이탈리아 현지에서도 한 병에 100만 원 안팎에 팔립니다. 그러나 현지에서도 구하기 힘든 와인입니다. 1년에 1만 5,000병 정도로 생산량이 적은 편에 속하는데 전 세계에 고정 팬이 워낙 많아

지앙프랑코 솔데라
브루넬로 디 몬탈치노 와인

대부분 출시되자마자 물량이
동 나기 때문입니다.

지앙프랑코 솔데라
출처_지앙프랑코 솔데라 홈페이지

솔데라 와인을 열어보면 진
하지 않은 밝은 색상에 마른
과일 향과 우아한 꽃향기가
섞여 들어오는 게 특징이라고
전문가들은 말합니다. 포도맛
외의 맛을 배제한 간결하고
깊은 맛과 우아한 스타일은
가히 '부르넬로의 백합꽃'이란 이름이 너무도 잘 맞아떨어진다고 합
니다.

이 와인은 밀라노에서 보험중개업을 하던 지앙프랑코 솔데라가
1972년 토스카나의 한 황량한 풀밭을 매입해 와이너리를 만들면서
시작됐습니다. 포도밭 전체 면적은 25㏊에 달하지만 실제 포도가 재
배되는 밭은 9㏊ 정도에 불과합니다. 여느 와이너리와 달리 자연주
의를 표방해 와이너리 안에 있는 숲이나 개울을 그대로 보전하고 포
도밭 주변에 정원을 조성해 포도밭이 확 줄어든 때문입니다.

또 솔데라 와인이 남다른 것은 불과 50년밖에 안 된 신생 와이너리
임에도 가장 전통적인 방법으로 와인을 빚는다는 점입니다. 브루넬
로 와인을 빚는 와이너리 대부분은 225ℓ 프랑스산 바릭을 쓰지만 솔
데라는 15,000ℓ의 거대한 슬로베니아산 캐스크를 사용합니다. 부르

넬로 와인에 인위적인 오크 향을 피하고 과즙의 순수한 아로마만 담백하게 전달하기 위해서입니다. '백합 같은 간결한 맛'의 비결이 여기에 있습니다.

이 와이너리는 특이하게도 별도의 온도 조절 장치가 없습니다. 토스카나 와이너리 대부분이 현대적 스타일의 첨단 제조시설로 무장한 것과 완전히 반대입니다. 사계절 내내 자연의 변화에 따른 온도를 와인에 고스란히 반영하기 위해서입니다. 침용 과정도 아주 길게 가져가고 숙성도 5년이나 진행합니다. 한마디로 포도 재배부터 와인을 내놓기까지 오롯이 자연 그대로 담아냅니다.

지앙프랑코 솔데라는 지난 2019년 2월, 82살의 나이로 포도밭에서 일하다가 갑작스럽게 사망했습니다. 와인업계에서 가장 괴짜로 평가받던 그답습니다. 지앙프랑코 솔데라는 평생 한 치의 타협도 허용하지 않던 정말 완고한 원칙주의자였기 때문에 주변에 적이 많았습니다. 그래서 몬탈치노 와인업계에서 이단아 취급을 받으며 온갖 질시와 미움을 받았습니다.

과거 2008년엔 몬탈치노 지역의 일부 부르넬로 와인 생산자들이 부르넬로 와인에 다른 품종을 섞어 와인을 빚어 팔다 적발된 '부르넬로 스캔들'이 발생하자 내부고발자로 의심받기도 했습니다. 또 2012년에는 해고에 앙심을 품은 직원이 솔데라 와이너리 셀라에 몰래 침입해 무려 62,000ℓ(250억 원 상당)의 와인을 흘려버리는 엄청난 상처를 입기도 했습니다.

토스카나에는 부르넬로 와인을
논할 때 빼놓을 수 없는 와인이 또
하나 있습니다. 이탈리아 국보급 와
이너리 비욘디 산티Biondi Santi가 만드
는 비욘디 산티 와인입니다. 1880년
대 이 가문을 이끌던 페루치오 비욘
디 산티Ferruccio Biondi Santi는 산지오베제
의 변종인 부르넬로를 처음으로 만

페루치오 비욘디 산티

들어냅니다. 그러나 이 품종을 독점하지 않고 주변 마을 사람들에게
보급하고 재배법까지 전수했습니다. 이로 인해 몬탈치노 마을이 토
스카나를 대표하는 최고의 와인 산지로 올라서게 됩니다.

당시 토스카나에서는 산지오베제 품종으로 만든 저가 와인이 판을
쳤습니다. 대부분의 와이너리들은 산지오베제 특
유의 신맛과 타닌을 중화시키기 위해 청포도를 섞
어 당장 마시기 좋고 팔기 쉬운 와인을 만드는 데
열을 올렸지만 비욘디 산티만은 달랐습니다. 오히
려 산지오베제가 가진 타닌을 활용해 장기 숙성시
키면 훌륭한 와인이 될 것이라는 것을 알았습니
다. 비욘디 산티는 산지오베제를 활용해 이보다
알이 크고 껍질이 두꺼운 검푸른 빛깔의 부르넬로
품종을 만들어냅니다.

비욘디 산티 브루넬로
디 몬탈치노 아난타

비욘디 산티 와인 중 리제르바급은 한 병에 150만 원 정도에 팔립니다. 이 와인을 열면 검붉은 과일 아로마에 특유의 산도가 일품입니다. 뒤이어 들어오는 실크처럼 고운 질감의 타닌과 길게 이어지는 여운을 맛보면 왜 이 와인이 이탈리아 최고의 와인으로 불리는지를 알 수 있습니다.

이탈리아 피에몬테의 바롤로 지역에서도 최고 와인이 나옵니다. 쟈코모 콘테르노Giacomo Conterno의 몬포르티노Monfortino입니다. 한 병에 150만 원 안팎에 달하는 바롤로 와인의 최고봉입니다. 바롤로에는 기라성 같은 와인들이 많은데 그중에서도 쟈코모 콘테르노 몬포르티노 와인은 독보적인 위치를 점하고 있습니다.

지아코모 콘테르노
몬포르티노

바롤로 와인은 네비올로 품종으로 만드는데 싱그러운 장미꽃 향기와 특유의 신맛 속에 숨어 있는 강력한 타닌이 특징입니다. 와인을 따라보면 마치 피노 누아 와인처럼 엷은 색을 띠지만 입에 넣는 순간 입안의 수분을 모두 빼앗기는 느낌을 받습니다. 강력한 타닌이 정말로 입안을 버석거리게 만듭니다. 타닌이 이 정도로 강하니 최소 3년 이상 숙성시킨 후 판매할 수 있도록 법으로 정해놨습니다. 그러나 바롤로 와인이 제맛을 내려면 족히 10년이 지나야 한다고 합니다.

이처럼 강력한 맛의 바롤로 와인은 불과 한 세기 전인 1900년대 초까지만 해도 정말 볼품없는 스위트 와인이었습니다. 네비올로는 껍질이 워낙 두꺼워 일정 기간 숙성시켜도 타닌이 제대로 다스려지지 않는 어려운 와인입니다. 더구나 만생종이어서 늦게 수확한 후 발효를 진행하는 도중에 날씨가 추워져 발효가 멈췄습니다. 거친 타닌은 그대로 살아 있는 데다 특유의 신맛에 발효가 다 끝나지 않아 단맛까지 겹쳐진 정말 촌스럽기 그지없던 와인이었습니다. 그럼에도 대부분의 와이너리는 숙성을 길게 가져가는 것을 포기하고 그냥 곧바로 출시했습니다. 와인의 품질이야 표현하기 힘들었습니다.

그러나 쟈코모 콘테르노는 달랐습니다. 이런 바롤로 와인의 잠재력을 알아봤습니다. 타닌이 가득 찬 두꺼운 껍질과 특유의 높은 산도가 장기숙성에 너무도 잘 어울린다는 것을 알았던 것이죠. 쟈코모 콘테르노가 침용을 길게 가져가고 숙성도 오래 진행하면서 지금처럼 묵직하면서 부드러운 타닌이 일품인 정말 명품 와인을 만들어냅니다.

와이너리 입장에서 숙성을 길게 가져간다는 것은 그만큼 출시가 지연돼 자금 회수가 늦어지기 때문에 자칫 파산 위험까지 감수해야 하는 모험이었습니다. 그러나 쟈코모는 네비올로의 거칠고 강한 타닌을 오래 숙성하면 묵직하고 부드러운 최고의 와인이 된다는 것을 정확하게 알고 있었습니다.

스페인에서도 최고의 명품 와인이 있습니다. 스페인에서만 나는 뗌쁘라니요Tempranillo로 만든 베가 시칠리아Vega Sicilia 와인입니다. 이 중

베가 시칠리아 우니꼬Vega Sicilia Unico는 '스페인의 라 피트 로칠드'라 불립니다. 검은 과실과 후추, 라벤더, 허브 향이 환상적이고 타닌이 묵직하게 와인의 균형을 잡아준다고 합니다. 한 병에 50만 원을 훌쩍 넘기는 특급 와인입니다. 뗌쁘라니요 87%에 까베르네 소비뇽 13%을 섞어 만드는 이 와인은 단단한 와인으로도 유명합니다. 포도를 수확한 지 10년이 지나야 출시됨에도 디캔팅을 하지 않고는 마실 수가 없을 정도로 자신을 잘 보여주지 않는 장기숙성 와인으로 유명합니다.

베가 시칠리아 우니코 리제르바 에스페셜

최고가 와인의 세계 – 미국
고도의 마케팅이 숨어 있는 컬트 와인

사랑하는 사람과의 저녁식사를 예약하기 위해 유명 식당에 전화했더니 해당 음식점이 예약 확정을 하지 않고 "일단 접수됐으니 기다리면 나중에 예약이 가능한지 여부를 연락 주겠다"고 한다면 여러분은 어떻게 하실지요.

"아니, 뭐 이런 음식점이 다 있어. 다른 데로 갈 테니 접수 취소해 주세요"라고 말하며 화를 내는 사람이 있는가 하면, "얼마나 맛집이기에 이렇게 대기 손님이 많지? 예약이 꼭 됐으면 좋겠네"라며 자존심을 버리고 기다리는 사람도 있을 겁니다. 아마 전자보다는 후자처럼 생각하는 경우가 많을 겁니다. 이를 활용하는 상술이 바로 '줄 세우기 마케팅'입니다.

줄 세우기 마케팅의 특징은 소비자가 호기심을 갖게 만들고, 소비자의 소유욕을 자극하고, 소비자가 자신의 소비행위를 주변 사람에게 자랑하도록 만드는 게 핵심입니다. 물론 그 전제에는 반드시 다른 상품과 차별화되는 뛰어난 품질과 아무데서나 경험할 수 없는 희소성을 갖춰야 합니다.

줄 세우기 마케팅을 보여주는 대표적 사례가 지난 2016년 SPC그룹이 서울 강남대로에 매장을 연 미국의 '쉐이크쉑(이른바 쉑쉑버거)'과 2019년 5월 서울 성동구 성수동에 문을 연 커피숍 '블루보틀'입니다. 이 매장은 오픈 첫날부터 무려 500m의 긴 줄을 서는 진풍경이 펼쳐졌습니다. 심지어는 오픈시간 8시간 전부터 밤새 줄을 서는 사람도 있었습니다.

와인의 세계도 마찬가지입니다. 특히 미국의 캘리포니아 나파 밸리Napa Valley에서 생산되는 컬트 와인Cult Wine은 이 같은 줄 세우기 마케팅을 가장 극대화 한 사례로 꼽힙니다. 컬트 와인은 '숭배'를 뜻하는 라틴어 'cultus'에서 유래된 말로 소규모 와이너리에서 아주 한정된 양만 생산하는 고품질 와인을 말합니다. 한 병 가격이 최소 100만 원 이상, 비싼 것은 1,000만 원이 넘는 경우도 있습니다.

스크리밍 이글, 콜긴 셀라스Colgin Cellars, 아라호Araujo, 할란 이스테이트, 헌드레드 에이커Hundred acre, 젬스톤Gemstone, 그레이스 패밀리Grace Family 등이 대표적인 컬트 와인입니다.

혹시 '헌드레드 에이커' 와이너리 홈페이지를 방문한 적이 있나요. 이 홈페이지에 접속하면 딱 한 가지 아이콘만 있습니다. 와인을 사

스크리밍 이글 홈페이지

고 싶으면 구매대기자 리스트에 예약을 걸라는 아이콘입니다. 해당 와인에 대한 설명이나 와이너리의 역사 등에 대한 정보는 단 하나도 없습니다.

스크리밍 이글도 마찬가지입니다. 일반 방문자가 홈페이지에 접속해도 해당 와인에 대한 내용은 거의 없습니다. 로그인도 잘 허용하지 않고 오로지 구매리스트에 예약을 걸라는 내용만 클릭할 수 있습니다. 참으로 불친절하기 이를 데 없습니다.

자존심 상하지만 이들 컬트 와인을 구입하려면 이 와이너리 홈페이지나 팩스를 통해 구매자 명단에 이름을 올려야만 합니다. 이후 와이너리는 구매자의 자격을 따져본 후 판매 여부를 결정합니다. 정말 이상한 구조입니다. 그럼에도 와인 구매대기자가 계속 줄을 서고 와인 가격은 해마다 치솟고 있습니다. 일부 부유한 와인 마니아들의 속물근성을 활용한 마케팅이 제대로 먹히고 있는 것이죠. 더구나 세계 최고 영향력을 가진 미국인 와인평론가 로버트 파커가 이들 컬트 와인에 높은 점수를 남발하면서 와인 가격은 순식간에 보르도 특급 와인의 몇 배까지 치솟았습니다.

컬트 와인에 대해 가격 거품 논란이 계속 이어지고 있지만 그래도 어쨌든 미국을 대표하는 최고가 와인입니다. 특히 스크리밍 이글은 미국을 대표하는 명실상부한 최고가 와인입니다. 런던국제와인거래소(Liv-ex)가 2017년 빈티지를 대상으로 발표한 1박스(12병) 가격은 2만 610파운드(3,035만 원)으로 보르도의 최고가 와인인 페트뤼스(1만 8,961파운드)보다도 비쌉니다. 소매가격으로 족히 1,000만 원이 넘습니다. 이 한 병 값이면 보르도 특급 와인 라피트 로칠드(5,533파운드) 서너 병의 코르크를 열 수 있습니다.

까베르네 소비뇽을 기반으로 약간의 메를로와 까베르네 프랑을 섞

하이디 바렛
출처_패러다임 홈페이지

어 만드는 이 와인은 미국의 천재 와인 메이커 하이디 패터슨 바렛^{Heidi Peterson Barrett}이 만들면서 유명세를 탔습니다. 이후 2000년에 진행된 뉴욕 나파 밸리 옥션에서는 6ℓ짜리 한 병이 50만 달러(6억 원)에 팔리기도 했습니다. 지금도 스크리밍 이글을 손에 넣기 위한 대기자가 수천 명에 달한다고 합니다.

헌드레드 에이커 오너이자 와인메이커 제이슨 우드브리지가 필자와 인터뷰를 하고 있다.

소비자가격이 200만 원 안팎에 달하는 할란 이스테이트도 나파 밸리를 대표하는 와인입니다. 1985년 와이너리가 설립됐지만 11년이 지난 1996년에야 첫 번째 와인을 생산할 정도로 심혈을 기울여 만듭니다. 까베르네 소비뇽을 기반으로 메를로 등을 섞어 만듭니다. 전 세계에서 가장 깊은 맛을 내는 와인으로 정평이 나 있습니다.

콜긴과 그레이스 패밀리도 컬트 와인의 대표주자 중 하나입니다. 콜긴은 강력한 타닌을 가진 풀바디 와인으로 2002년 빈티지가 로버트 파커로부터 100점의 평가를 받으며 5대 컬트 와인으로 올라섰습니다. 콜긴 오너인 앤 콜긴은 경매에서 낙찰 받은 사람이 그

헌드레드 에이커

녀에게 사인을 요청하면 싸인 대신 와인병에
키스 마크를 남기는 것으로도 유명합니다.

할란 이스테이트

그레이스 패밀리는 컬트 와인의 효시로 불
리는 와인입니다. 초콜릿, 자두, 체리 등 과실
풍미가 다채롭고 아주 우아한 질감을 가진 와
인입니다.

어떤 와인 전문가는 이런 말을 합니다. "컬
트 와인은 미국의 유명 연예인이나 패션디자이너 등 사회적으로 명
성과 경제력을 가진 사람들이 직접 자신의 취향에 맞는 와인을 만들
어보고자 만든 와인입니다. 판매를 생각하기보다 자신의 지인들에
게 선물할 생각으로 엄청난 돈을
투입해 수천 병 정도의 아주 적은
양의 와인을 생산한 게 효시입니
다. 그런데 이런 와인이 공식 석상
에 오르게 되고 일부 평론가의 호
들갑이 겹쳐지면서 이상하게 변질
된 것입니다. 혹시 컬트 와인 시음
후기를 본 적이 있는지요." 저는 이
말에 공감합니다.

콜긴

행사 때면 절반값으로 뚝……
와인 값 어느 게 진짜?

"어, 이 와인 가격 잘못 붙여진 거 아닌가요? 이거 5만 원이라고 해서 왔는데 가격이 다르네요."

"고객님, 5만 원짜리 와인은 다 팔리고 이제 7만 9,000원짜리만 남아 있습니다."

"아닌 것 같은데. 샤또 글로리아 2013년 빈티지 와인이 5만 원이라고 며칠 전 할인행사 문자가 와서 온 건데요. 이 와인 빈티지까지 똑같은데 왜 가격이 달라요?"

"수입사가 달라서 그렇습니다. 그 수입사가 가져온 5만 원짜리 와인은 다 팔리고 이제 다른 수입사가 수입한 와인만 남아 있어 그렇습니다."

얼마 전 대형할인점 A매장 내 와인코너에서 한 고객과 판매직원이

나눈 대화입니다. 똑같은 와인이고 빈티지도 같은데, 심지어 같은 매장에서 판매하는데 와인 가격은 다른 것은 왜일까요.

사실 와인 매장을 자주 들르는 소비자라면 와인 가격이 어떻게 형성되는지에 대한 궁금증이 한두 가지가 아닐 겁니다. 어떤 날은 갑자기 와인을 반값 가까이 할인해서 판매하기도 하다가, 며칠 뒤에 가보면 다시 원래대로 팔기도 하고, 어느 게 진짜 가격인지 도무지 알 수 없을 때가 많습니다. 또 해외에 나가보면 와인 가격이 국내 유통 가격의 절반에도 못 미치는 것을 보면 국내 와인 가격에 거품이 너무 심한 게 아닌지 불신만 자꾸 커집니다.

이렇듯 들쭉날쭉한 가격, 어느 게 진짜 소비자가격인지 헷갈리는 와인시장을 제대로 이해하려면 먼저 와인 가격 구조부터 알아야 합니다.

우리가 와인 소매점에서 직접 구입해 마시는 와인 가격은 관세(30%)를 포함한 수입원가에 세금(주세+교육세+부가가치세), 수입업체 마진, 도매업체 마진, 소매업체 마진 등이 합쳐진 금액입니다. 그러나 와인 주요 생산국인 프랑스, 이탈리아, 미국, 칠레 등은 현재 우리나라와 자유무역협정(FTA)이 체결돼 관세는 없습니다.

예를 들어 국내 A 수입사가 프랑스로부터 한 병당 현지가격 9달러짜리 와인을 선박을 이용해 부산항을 통해 수입한다고 하면 운임비(1달러 정도)를 포함한 10달러가 수입원가가 됩니다. 여기부터 와인 값에 각종 세금과 단계별 유통 마진이 줄줄이 붙습니다.

우선 관세는 면제됐으니 주세(30%) 3달러를 내야 합니다. 여기에 주세를 포함한 총 금액(13달러)의 10%에 해당하는 교육세 1.3달러, 교육세를 포함한 총 금액(14.3달러)의 10%인 부가세까지 내면 와인 값은 15.8달러까지 치솟습니다.

이제부터는 수입사와 도매상, 소매상의 마진이 각 단계마다 총 금액의 10%씩 붙습니다. 수입사를 거치면 17.4달러로, 도매상을 지나면 19.2달러로, 소매상 마진이 포함되면 21.1달러 정도로 오르게 됩니다.

이는 그나마 아주 양심적인 유통과정을 통한 와인이어야 가능한 가격입니다. 수년전 공정거래위원회는 국내 와인 가격의 구조를 분석한 결과 국내 수입업체의 유통마진 30%, 도매업체의 유통마진 20%, 소매업체의 유통마진이 30%에 달하는 것으로 발표한 적이 있습니다. 해외 현지에서 1만 원에 팔리는 와인이라 하더라도 국내 소비자가 손에 쥐려면 적게는 2만 원, 많게는 3만 원을 지불해야 한다는 것이죠.

국내 소비자들 사이에서는 "현지에서 싼데 우리나라에선 와인 가격이 왜 이렇게 비싼 거야?"라고 볼멘소리가 끊이지 않고 있습니다. 그때마다 수입사들은 "와인 가격에 붙은 세금이 60% 가까이 되기 때문에 어쩔 수 없다"고 항변합니다.

과연 진짜 그럴까요. 한번 짚고 넘어가야 할 대목이 있습니다. 위에서 보듯이 수입원가 10달러(현지가격 9달러)짜리 와인에 붙는 세금

(5.8달러)을 기준으로 하면 수입사 말이 일견 맞는 것처럼 보입니다. 그러나 엄밀히 따지면 국내 최종가격이 3만 원 대비 세금의 비율을 계산해야 맞는 말입니다. 그렇게 계산하면 와인 가격에서 차지하는 세금의 비율은 23.2%에 불과합니다. 반면 수입사와 도소매상의 유통마진은 1만 1,040원으로 와인 가격 대비 36.8%에 달합니다. 국내 와인 가격이 현지 와인 가격보다 높은 이유는 세금 때문만이 아니라는 것이죠.

그런데 국내 와인 가격은 왜 이렇게 그때마다 가격이 다르고, 수입 업체마다 들쭉날쭉 차이가 날까요. 우리가 보기에는 같은 매장의 물품이지만 유통경로가 다른 여러 소매업체가 입점해 있기 때문입니다. 수입 업체와 수입 원가, 수입 경로가 각각 다르니 같은 와인인데도 가격이 같을 수가 없는 것입니다. 실제로 신세계, 롯데 등 국내 할인점의 와인매장에는 자체 유통업체말고도 금양인터내셔널, 레뱅드매일, 와인나라, 나라셀라 등 와인 업체들이 대거 입점해 있습니다.

여기에 대형 할인점이 미끼 상품으로 활용하기 위해 여러 소매업체에게 순차적으로 할인행사를 강요하면 와인 가격은 더욱 벌어지게 됩니다. 이럴 경우 행사 와인은 다른 일반 와인의 절반 가격까지 떨어지기는 경우도 발생합니다. 같은 매장 내에 있는 같은 와인인데도 와인 가격이 차이가 나는 이유가 여기에 있습니다.

이 때문에 와인을 자주, 많이 사는 사람들은 할인 폭이 큰 대규모 세일 기간을 이용하거나 수시로 진행되는 깜짝 할인행사 때 와인을

롯데마트 잠실점에 대규모로 문을 연
와인 매장 보틀 벙커

구입합니다. 백화점이나 할인점, 와
인 전문매장 등을 잘 체크하면 거의
1년 내내 특별할인 상품이 있기 때
문이죠. 대대적으로 세일을 진행하
는 기간이면 상당히 많은 상품이 반
값에 가까운 가격으로 매장에 깔리

고, 이 시기가 아니라 하더라도 일부 상품에는 반드시 할인이 적용
되고 있습니다. 사실상 1년 내내 세일이 이뤄지고 있는 것입니다.

그럼 어느 가격이 진짜 가격일까요. 와인 소매업에 종사하는 한 관
계자는 "국내 대형 할인점이나 백화점 등에서 할인행사를 통해 나오
는 가격이 정상가격은 절대 아니지만 할인율이 적용되지 않은 채 매

장에 붙은 소비자가격은 진짜 가격과 더 멀
리 있다"고 말합니다. 유추해보면 일반 소
비자가격은 와인 유통업체들이 향후 진행할
할인행사를 대비해 가격을 높여놨다는 것을
알 수 있습니다. 그렇다고 해서 할인행사를
통해 절반에 가까운 가격으로 풀리는 가격
이 정상적 가격은 아닙니다.

와인 마니아들은 와인을 살 때 반드시 와
인 관련 커뮤니티에서 할인 정보를 확인한
후에 와인을 구입합니다.

와인 관련 커뮤니티로 유명한
와인 싸게 사는 사람들

비행기 타고 온 와인,
배 타고 온 와인 왜 맛이 다를까 ──────

"형부, 이번에 스페인 출장인데 원하는 와인, 사진으로 보내줘. 사다 줄게."

유럽을 오가며 여행가이드 일을 히는 처제는 저에게 이런 문자를 자주 보냅니다. 평소 와인을 즐기는 저에게 사실은 처제 얼굴을 보는 것보다 더 반가운 문자입니다. 처제가 현지에서 직접 가져오는 와인은 일단 공짜여서 기분이 좋습니다. 그러나 현지에서 직접 공수해온 와인은 이것말고도 여러 장점이 있습니다.

우선 국내 유통가격 절반 수준인 저렴한 가격에 고품질 와인을 맛볼 수 있다는 점이 좋습니다. 가끔은 국내에 수입되지 않는 와인에서 큰 감동을 발견하는 즐거움도 있습니다. 그러나 무엇보다 좋은 것은 현지에서 먹는 듯한 신선한 와인을 국내에서도 즐길 수 있다는 게 가장 큰 매력입니다. 항공기를 이용해 짧은 시간에 큰 온도 변화를 거치지 않고 가져오니 현지에서 느끼는 그 맛이 고스란히 담겨 있습니다.

와인 마니아들은 해외에서 직접 가져오는 와인이 훨씬 더 맛있다는 것을 잘 압니다. 그래서 여행이나 출장길에 유럽이나 미국 등을 방문하게 되면 와인 한두 병은 꼭 사서 들어옵니다. 심지어는 친한 지인이 해외에 나갈 경우 와인을 대신 구매해달라고 부탁한 경우도 있을 겁니다. 그런데 왜 해외 현지에서 직접 가지고 오는 와인이 좋은 것일까요.

"유럽 현지에서 먹는 와인과 우리나라에서 유통되는 와인은 맛이 전혀 다른 경우가 많습니다. 같은 브랜드, 같은 빈티지이지만 운송 과정에서 맛이 달라지는 경우가 많기 때문입니다. 항공으로 운송되는 아주 고가의 와인이나 냉장 컨테이너를 사용해 가져오는 와인을 제외하고는 사실 죽은 와인이라고 봐도 되죠."

몇 년 전 한 대형 할인점의 와인매장 매니저가 이렇게 말하더군요. 프랑스 보르도와 부르고뉴를 돌며 십 년 넘게 와인을 공부했다는 그녀는 "배를 타고 일반 컨테이너로 운송되는 중저가 와인은 적도를 지나면서 대부분 맛이 달라진다"고 말하더군요.

와인을 보관할 때 가장 중요한 게 온도 관리입니다. 레드 와인의 경우 섭씨 12~14도, 화이트 와인은 이보다 훨씬 낮습니다. 습도도 60~70%를 유지해야 합니다. 또 햇볕 등 강한 빛과 진동은 반드시 피해야 합니다.

그런데 와인을 배로 운송하
게 되면 여러 가지 문제가 발생
합니다. 와인이 유럽에서 우리
나라로 들어오는 경로를 보면
우선 지중해를 거쳐 이집트 수
에즈운하를 지나 아라비아해로

지중해와 아라비아해를 연결하는
수에즈운하를 통과한 컨테이너선들의 모습

내려옵니다. 이후 인도양에 들어서면 적도 근처를 타고 계속 동쪽으
로 이동해 말레이시아 말라카 해협을 거쳐 북동쪽으로 방향을 튼 후
부산항에 들어오게 됩니다. 보통 30~40일 걸리는 긴 여정입니다. 가
장 큰 문제는 수에즈운하를 거치자마자 만나는 뜨거운 아라비아해
지역입니다. 기온이 섭씨 50도 안팎에 달합니다. 외기 온도가 이 정
도면 컨테이너 내부 온도는 거의 100도에 육박한다고 합니다. 그 안
에 있는 와인은 어떤 변화를 겪을지 쉽게 짐작이 갑니다.

그나마 냉장시설을 갖춘 리퍼 컨테이너Reefer container가 있지만 비용
이 많이 듭니다. 때문에 가격대가 있는 와인이 아니면 이를 사용하
기가 부담스럽습니다. 한 달이 넘는 해상운송과 육상운송 기간 동안
제너레이터를 계속 가동해야 돼 비용이 일반 컨테이너보다 4~5배가
비쌉니다. 이 때문에 국내 소비자가격 10만~15만 원 이하 와인은 그
냥 일반 컨테이너로 가져온다고 합니다. 국내 수입사들은 운송기간
을 최대한 한여름을 피해 지정하고, 컨테이너의 위치도 배의 바닥을

차지하기 위해 갖은 노력을 합니다. 하지만 갑판의 상단이나 자칫 엔진룸 근처에 위치하게 되면 그 와인은 죽은 목숨입니다. 한여름이 아니어도 와인이 끓어 넘칠 가능성이 높다고 합니다. 국내에서 중저가 와인을 구입할 때 반드시 와인병 목의 포일을 돌려보는게 좋습니다. 만일 포일이 돌아가지 않는다면 와인이 고온에 노출돼 끓어넘쳐 달라붙었을 가능성이 있습니다. 물론 일부 고가 와인은 포일이 돌아가지 않게 별도의 스티커를 붙인 경우도 있지만 중저가 와인이라면 이를 확인하는 게 좋습니다.

이런 이유 때문에 와인을 즐기는 사람들은 해외에서 직접 가져온 와인을 아주 좋아합니다. 해외에서 직접 구입한 와인은 현지의 신선한 맛을 그대로 가져올 수 있다는 장점말고도 국내 가격보다 훨씬 저렴하다는 이점도 있습니다. 국내에서는 술에 엄청나게 많은 세금이 붙기 때문에 같은 와인이더라도 현지에서는 국내 가격의 반값 수준에서 구입할 수 있다는 것은 큰 매력입니다.

와인을 구입하기 가장 좋은 곳은 해당 산지에 있는 시내의 로드숍입니다. 와인의 구색도 다양하고 전문적인 관리가 이뤄지기 때문에 와인의 상태도 좋습니다. 또 산지와 가까워 물류비용이 적게 들기 때문에 해당 지역에서 나는 와인을 가장 저렴하게 살 수 있습니다.

그러나 와이너리를 방문해 직접 구입하는 것은 가격적인 측면에서 불리할 수 있습니다. 물류 시작점에서 사기 때문에 가장 저렴할 것 같지만 오히려 시내 로드숍보다 비쌉니다. 와이너리가 대량으로 도매상에 넘기는 가격은 자신들이 직접 파는 소매가격보다 훨씬 싸기 때문입니다.

면세점은 제일 좋지 않은 선택지입니다. 국내는 물론이고 해외에서도 마찬가지입니다. 세금이 붙지 않는 구역이라 와인 가격이 저렴할 것이라 생각하기 쉽지만 해외에서는 가장 비싼 곳입니다. 국내에서는 주류에 각종 세금이 많이 붙지만 해외에서는 세금이 많지 않기 때문에 면세 매력이 적습니다. 오히려 공항 내 점포라는 자릿값이 더해져 와인 가격이 아주 비쌉니다. 거의 국내 가격과 차이가 없다고 봐도 무방할 정도입니다. 더구나 면세점은 자체 셀라를 가지고 있는 경우도 드물고 전문적인 관리도 이뤄지지 않기 때문에 와인의 상태도 좋지 않습니다.

해당 산지에 있는 동네의 작은 와인가게를 들러보는 것도 좋습니다. 가끔은 예상치 못한 가격에 좋은 와인을 건질 수도 있습니다. 이런 곳은 가게가 작다 보니 회전율이 느리지만 생산량이 적어 희소성

이탈리아 로마 시내에 위치한 한 와인숍.
이탈리아 전 지역에서는
이같은 와인숍(enoteca)을 쉽게 볼 수 있다.

이탈리아 피렌체 시내
아르노 강변에 있는
시그노르비노 와인숍

있는 고가의 와인을 가지고 있는 경우가 간혹 있습니다. 물론 가격도 아주 저렴합니다. 다만 한 가지 주의해야 할 점은 관리가 제대로 이뤄졌는가를 꼭 살펴야 합니다. 와인이 먼지를 뒤집어쓰고 세워져 있거나, 태양광에 노출되는 위치에 있거나, 온도 변화가 큰 곳에 위치해 있다면 사지 않는 것이 좋습니다.

실제로 몇 해 전 여름 휴가차 이탈리아 중부 토스카나 지역을 돌아볼 기회가 있었습니다. 산지미냐노의 조그만 와인가게에 들렀는데 토스카나 최고의 부르넬로 디 몬탈치노 와인인 솔데라Soldera가 있었는데 가격이 예상외로 저렴한 편이었습니다. 보관 상태가 나쁘지 않았지만 워낙 가게가 작아 시내로 들어가 큰 로드숍에서 사는 게 낫겠다는 마음에 그냥 나왔습니다. 그러나 시내에 돌아와 그 와인을 찾으니 아무리 물어봐도 없더군요. 워낙 생산물량이 적어 현지에서도 구하기가 쉽지 않은 와인이었습니다. 당연히 그 작은 가게에서 샀어야 하는 것이었죠.

해외에 나가보면, 특히 유럽의 경우 국내에 소개되지 않은 가격 대비 품질이 뛰어난 와인들이 정말 많습니다. 국내에 많이 소개된 와인보다 현지에서 직접 마셔보고 인상 깊었던 와인을 고르거나, 현지 매니저가 추천하는 와인을 고르는 것도 방법입니다. 일반적으로 30유로(4만 원) 안팎이면 아주 좋은 와인을 고를 수 있습니다.

해외에서 와인을 구입하는 장점 중 하나가 국내에서 보기 힘든 그레이트 빈티지를 쉽게 구할 수 있다는 것입니다. 같은 와인이라도 여러 종류의 빈티지가 전시돼 있어 빈티지를 비교하면서 와인을 고를 수 있습니다. 그러나 오래된 빈티지보다는 어린 빈티지를 고르는 게 현명합니다. 대부분의 와인숍이 와인을 전문적으로 다루기 때문에 와인의 관리가 잘되고 있지만 와인에 문제가 있을 경우 환불이 힘들기 때문입니다.

유럽의 경우 빈티지도 잘 살펴야 합니다. 미국, 칠레, 아르헨티나, 호주 등 신대륙의 경우 햇살이 워낙 좋아 비교적 품질이 고르지만 상대적으로 햇살이 풍부하지 않은 프랑스의 보르도, 부르고뉴를 비롯해 이탈리아의 피에몬테, 스페인의 리베라 델 두에로 지역의 와인은 빈티지를 확인하면서 사야 좋은 와인을 가져올 수 있습니다.

4부

궁금증으로
풀어보는 와인

와인은 눈으로, 코로, 입으로 '세 번 먹는 술'이라고 말합니다. 맛집을 찾아가 음식을 먹을 때 먼저 그 음식에 대해 정보를 알고 가면 더 맛있듯이 와인도 마찬가지입니다. 와인에 얽힌 이야기와 와인을 제대로 즐기는 방법을 알면 와인이 더욱 맛있습니다.

와인 매너 너무 어려워요, 꼭 지켜야 할까요

테이블 매너는 반드시 지켜야 합니다. 우리나라 사람들이 와인을 불편하고 어려운 술로 느끼는 가장 큰 이유가 바로 와인 잔 때문입니다. 우리나라 전통주인 소주나 막걸리 또는 맥주 등과 다르게 와인은 마시는 잔부터 정말 다릅니다. 아주 얇고 볼이 넓고 큰 잔이 세팅된 식사 테이블에 앉게 되면 일단 익숙하지 않은 도구에 가장 큰 불편을 느낍니다.

그런데 와인 잔은 왜 이리 큰 걸까요. 사람들은 와인을 말할 때 눈으로, 코로, 입으로 이렇게 '세 번 마시는 술'이라고 표현합니다. 레드 와인을 마실 경우 우선 잔에 따라진 고급스런 자줏빛을 감상한 후 와인 잔을 가까이해 와인의 복합적인 향기를 즐기게 됩니다. 이어 잔을 기울여 혀로 흘러내리는 와인에서 눈과 코로 짐작했던 와인의 여러 가지 맛과 향을 느끼고 확인하는 과정을 거치게 됩니다. 또 입술과 치아 사이를 파고드는 빽빽한 타닌도 경험합니다. 그래서 와인 잔은 이 같은 과정을 최대한 즐길 수 있도록 얇고 투명하게, 크고 넓게 만들어집니다. 테이블 매너는 바로 여기에서 시작됐습니다.

와인을 따르는데 술을 받는 사람이 한국식 주법에 맞춰 잔을 들고 받는다면, 또 와인을 따르는 사람이 잔을 가득 채운다면 어떻게 될까요. 적어도 열에 하나둘은 식사 자리에서 큰 소동이 벌어질 겁니다.

일단 레드 와인 잔은 레스토랑에서 서빙되는 보르도 잔을 기준으로 용량이 최소 600㎖ 이상입니다. 또 잔의 두께도 2㎜ 안팎으로 정말 얇습니다. 그런데 와인을 따를 때 우리나라 전통주를 마실 때처럼 잔을 들고 받으면 얇은 와인 잔이 와인병에 부딪혀 깨질 수도 있습니다. 그래서 와인 잔은 반드시 테이블에 놓은 상태에서 안정적으

와인 잔에 서빙된 와인들

다양한 와인 잔의 모습. 맨 위쪽이
보르도 잔, 중간이 부르고뉴 잔,
맨 아래는 화이트 와인 잔과 샴페인 잔

로 와인을 받아야 하는 것이죠. 와인 잔을 받을 때도 두 손으로 받을 필요는 없습니다. 그냥 와인 잔의 베이스에 한 손을 대고 받으면 됩니다. 다만 와인을 따라주는 사람이 아주 연장자이거나 직위가 높아 도저히 한 손으로 받기 부담스럽다면 와인 잔의 베이스를 잡은 손에 다른 한 손을 포개놓는 것도 한국식 매너가 될 수 있습니다.

상대방에게 와인을 따라주는 경우에도 와인을 너무 많이 따르면 안 됩니다. 와인 잔을 가득 채우면 와인 한 병(750㎖)이 거의 다 들어갑니다. 밑에 볼이 큰 부르고뉴 잔의 경우 와인 한 병으로 부족해 다른 와인 3분의 1 정도를 다 따라야 가득 차는 잔도 있습니다. 그만큼 와인 잔은 우리가 생각하는 것보다 훨씬 큽니다. 그런 와인 잔에 절반만 채워도 와인 반 병이 들어가는 셈인데 상대방이 가느다란 목(스템)으로 잔을 들고 건배를 한다고 생각해보세요. 얼마나 무겁고 아슬아슬할까요. 더구나 힘이 상대적으로 약한 여성의 경우는 더욱더 부담스럽겠지요. 자칫 건배를 위해 잔을 맞대는 과정에서 쏟을 수도 있고 심지어는 와인 잔의 목이 부러지면 크게 다칠 수도 있습니다. 만약 중요한 비즈니스 자리에서 이런 상황이 벌어진다면 엄청난 소동이 일고 대화로 즐거워야 할 자리는 그 뒤처리를 하느라 산만해질 수밖에 없습니다.

그래서 와인을 따를 때는 보통 와인 잔의 4분의 1 정도만 채웁니다. 아무리 많이 따라도 3분의 1을 절대 넘지 않는 게 예의입니다. 이는 용량으로 따지면 125㎖나 150㎖ 정도입니다.

와인을 즐기는 사람이라면 이 말이 무슨 말인지 정확하게 압니다. 와인 모임을 하다 보면 멤버를 구성할 때 5명 혹은 6명으로 제한합니다. 이는 와인 한 병을 6명이 나누면 125㎖, 5명이 나누면 150㎖가 되기 때문이죠. 이보다 사람이 더 많게 되면 매그넘 사이즈의 와인이나 아예 두 병을 준비하는 이유입니다.

와인, 어떻게 하면 맛있게 제대로 먹을까요 ———

앞서 얘기했듯 와인은 '세 번 먹는 술'이라고 말합니다. 와인을 공부하면서 먹을 이유는 전혀 없지만 앞에 놓여 있는 음식에 젓가락을 대기 전 '어떤 맛일까' 하는 궁금증이 생기듯, 와인도 입으로 맛보기 전에 먼저 눈으로 코로 즐기며 와인에 대한 궁금증을 끌어올리는 것도 와인을 더 맛있게 먹는 방법 중 하나입니다.

아름다운 실루엣을 가진 투명한 잔에 서빙된 와인은 그냥 바라보는 것만으로도 정말 기분이 좋아집니다. 와인 잔에 따라진 와인의 모습을 감상한 후 와인 잔을 살짝 기울여보세요. 입속에 넣기 전 와인이 어떤 품종이고, 어떤 맛을 띨지 미리 짐작해보는 과정입니다. 바닥에 흰색 테이블보가 있다면 더욱 좋고, 아니면 흰색 냅킨을 밑에 놓고 비춰보는 것도 나쁘지 않습니다.

화이트 와인의 경우 초보자는 구분하기 힘들지만 분명히 자기만의 색깔이 있습니다. 레드 와인이라면 와인을 짐작해보는 게 어렵지는 않습니다. 레드 와인이 루비색을 띠고 있다면 일단 피노 누아, 뗌쁘라니요, 산지오베제, 까베르네 소비뇽 와인일 가능성이 높죠. 반대로 보랏빛을 띤다면 말벡, 시라, 까르미네르 Carmenere 등 품종의 와인입니다.

와인의 중심 색을 판단했다면 이제 와인 잔 벽에 가까운 림의 색깔을 주의 깊게 들여다보세요. 중심 색에서 옅어지기만 했다면 오래되지 않은 와인이지만 만약 흐린 벽돌색을 띤다면 빈티지가 오래된 와인입니다. 또 잔을 여러 번 휘돌리는 스월링을 한 후 와인 잔 벽을 타고 흘러내리는 와인을 보는 것도 품종이나 알코올 도수를 파악하는 데 도움이 됩니다.

마치 블라인드 테스트를 하듯 '꼭 이렇게 과정을 따지면서 마셔야 할까' 하는 생각이 들 수도 있지만 이런 방법은 와인을 맛있게 먹을 수 있도록 도와주는 하나의 과정입니다. 나중에 이런 경험이 연륜으로 쌓여 와인의 품종별, 지역별 특징을 보다 빨리 알 수 있게 해준다는 점에서 추천할 만합니다. 그러나 비즈니스 자리나 품격을 갖춰야 하

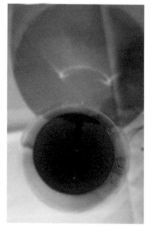

와인이 따라져 있는 아름다운 모습

는 자리에서 이런 행동은 실례가 될 수 있으니 반드시 주의해야 합니다.

이제 코로 먹어볼까요. 와인은 서빙되는 순간부터 주변에 아로마를 확 풍기게 됩니다. 잔에 따라진 와인을 한번 시계 반대 방향(오른손 기준)으로 돌려보세요. 그런 후 잔을 코에 들이밀고 향을 느껴보세요. 포도 특유의 과실 향부터 오크통 향 등 다양한 향기가 올라옵니다. 와인의 향은 품종별, 지역별로 그 특징이 다르고 같은 지역에서 같은 품종으로 생산해도 와이너리마다 또 다릅니다. 이쯤 되면 이미 머릿속에서 와인에 대한 정보가 종합적으로 모여 와인에 대한 추측이 거의 가능해진 상태가 됩니다.

와인을 입에 넣어보세요. 눈으로 짐작한, 코로 예상한 맛이 입에서 그대로 느껴질 수도 혹은 짐작한 것과 전혀 다른 맛일 수도 있습니다. 와인을 바로 삼키지 말고 입속에 머물고 속으로 셋까지 센 다음 삼켜보세요. 입속에서 보석을 살살 굴리는 느낌으로 하면 됩니다. 와인이 입에서 사라진 다음에는 입을 다물고 코로 숨을 여러 번 쉬면서 와인의 여운을 즐겨보세요. 음미하는 단계입니다. 그래서 저는 와인을 '네 번 먹는 술'이라고도 말합니다.

'호로로~록' '스~읍' 와인 마실 때
꼭 이런 소리 내야 하나요

　　와인을 마실 때 절대 소리를 내서는 안 됩니다. 이는 와인을 마시는 방법에 대해 어설프게 잘못 들은 사람이거나, 와인에 대해 좀 안다는 것을 님들에게 자랑하기 위해 하는 행동입니다. 이 같은 행동은 일부 와인 감별사가 와인을 평가할 때 입안에 공기를 최대한 많이 흡입해 빠른 시간 내에 향을 파악하기 위해 사용하는 방법이지 일반인이 와인을 대하는 태도가 아닙니다. 와인을 마시는 자리에서 이런 행동을 한다면 와인을 선택해 일행에게 대접하는 호스트에 대한 예의도 아니고, 옆에 있는 사람에게 식사시간 내내 상당한 불쾌감을 줄 수 있습니다. 그렇게 하다 자칫 사레라도 걸리는 경우에는 본의 아니게 식사 자리에서 정말 민망한 상황을 연출할 수도 있습니다.

칠레 최고의 와이너리 비냐 에라주리즈 오너
에두아르도 채드윅 회장이 와인을
스월링하는 모습
출처_비냐 에라주리즈 홈페이지

가끔 식사 테이블에서 보면 와인 잔을 습관적으로 빙빙 돌리는 경우를 볼 수 있습니다. 이 또한 올바른 예절이 아닙니다. 와인 잔을 돌리는 것을 스월링Swirling이라고 하는데 와인 잔을 시계 반대 방향(오른손잡이 기준)으로 돌려주며 와인이 공기와 많이 접촉하도록 해 향을 더 풍부하게 느낄 수 있도록 하는 행동입니다. 호스트나 주변 사람들이 대화를 하고 있는데 옆에서 스월링을 자꾸 하면 자칫 산만한 사람으로 보일 수도 있습니다.

그러나 "평소에 마셔보고 싶던 와인인데 여기서 접하게 돼 너무 좋다"는 등의 칭찬을 나누며 스월링을 하고 잔에 코를 대고 향을 맡는 행위는 오히려 훌륭한 매너가 될 수도 있습니다. 그러나 스월링을 할 때는 자신의 앞쪽 방향(오른손잡이 기준 시계 반대방향)으로 잔을 돌리는 게 예의입니다. 반대로 하면 와인 잔의 내용물이 넘쳐흘러 맞은편 사람이나 옆 사람에게 튈 수도 있기 때문입니다. 만약 흰색 와이셔츠나 드레스셔츠를 입은 주변 사람에게 와인이 튀면 엄청난 실례가 됩니다.

와인 잔의 볼을 쥐면 안 된다는데 정말 그럴까요

　　먼저 와인이 잔에 따라지는 과정을 볼까요. 따를 때는 절차가 있습니다. 호스트가 서빙을 허락하면 제일 먼저 테이블에 있는 여성에게 먼저 와인을 따라줍니다. 이후 시계 방향으로 돌아가면서 와인을 따르게 됩니다. 호스트는 맨 나중에 잔을 받습니다. 와인의 마지막 잔은 침전물이 있을 수도 있어 초청한 사람에게 먼저 잔을 주고 호스트가 마지막에 받는 것이죠.

　이제 와인이 앞에 놓였으니 마실 차례입니다. 와인 잔은 가느다란 목(스템) 부분을 잡고 마시면 됩니다. 가끔은 와인 잔 볼을 손바닥으로 감싸 쥐고 마시는 사람을 볼 수도 있습니다. 올바른 매너는 아니지만 마시는 와인이 레드 와인이라면 크게 잘못된 것도 아닙니다. 레드 와인은 가장 좋은 맛을 내는 온도가 섭씨 16~18도 정도라고 말합니다. 온도가 너무 높으면 알코올 성분이 두드러지게 올라옵니다. 또 반대로 온도가 너무 낮으면 와인 특유의 복합적인 향이 감춰지고 타닌이 두드러져 제대로 즐길 수가 없죠. 사실 스탠딩 파티가 아닌 이상 잠깐 볼을 잡고 있다고 해서 와인의 온도가 그리 올라가지 않습니다. 그러나 일부 와인 고수의 경우 타닌이 강하다고 생각되면 일부러 와인 잔의 볼

미국 나파밸리의 컬트 와인 중 최고로 꼽히는 헌드레드 에이커의 오너이자 와인메이커인 제이슨 우드브리지는 와인 향을 좀 더 잘 느끼고 싶을 때나 서빙된 와인의 온도가 낮을 때 와인 잔을 감아쥔다고 한다.

을 잡아 와인의 온도를 약간 올려주기도 한답니다.

그러나 화이트 와인이라면 조금 다릅니다. 화이트 와인은 섭씨 10~12도, 스파클링 와인은 섭씨 6도 정도로 차게 해서 마시는 술이기 때문에 볼을 잡게 되면 본래의 맛이 달라질 수 있습니다. 와인은 차가울수록 산도가 도드라지는데 화이트 와인은 산도를 즐기는 술이기 때문에 차갑게 먹는 것이죠. 그러나 만약 너무 차갑게 서빙됐다고 생각하면 약간 온도를 올려주는 것도 나쁜 방법은 아닙니다.

와인 라벨이
난수표 같아요

와인 라벨을 통해 와인을 파악하기는 정말 쉽지 않은 일입니다. 특히 불친절한 프랑스 와인의 경우는 더욱 그렇습니다. 그러나 나름대로 법칙이 있습니다. 와인 라벨을 읽을 수 있게 되면 와인을 마셔보지 않아도 해당 와인의 맛과 향을 가졌는지를 대략 짐작할 수 있습니다. 라벨은 기본적인 상품명을 비롯해 해당 와인이 어느 나라, 어느 지역에서, 언제 생산됐는지, 포도는 어떤 품종을 사용했는지, 와인의 품질이 어느 정도 수준인지 등에 대한 정보가 빼곡히 담겨 있기 때문입니다.

와인을 고르는 가장 기본은 바로 와인 라벨 읽는 법을 배우는 것입니다. 영어도 어려운데 프랑스어, 이탈리아어, 스페인어까지 함께 적혀 있어 막막해 보이지만 국가별 법칙을 알면 생각보다 어렵지 않습니다.

우선 프랑스, 이탈리아, 스페인 등 이른바 구대륙은 라벨에 와인 산지를 표시합니다. 와인 산지를 보고 어떤 포도가 사용됐는지를 알아야 하기 때문에 산지별 특징에 대한 기본 지식을 가지고 있어야 합니다. 반면 미국, 칠레, 아르헨티나 등 이른바 신대륙은 친절하게도 품종명이 적혀 있습니다.

샤또 무똥 로칠드 라벨

우선 프랑스 와인을 볼까요. 우선 보르도 와인입니다. 가장 큰 금색의 글씨로 샤또 무똥 로칠드라 쓰여 있네요. 그랑크뤼 클라세 1등급 와인입니다. 맨 위의 샤또 문양 밑에 쓰인 2013이란 글자는 2013년에 생산된 포도를 사용했다는 것을 의미합니다. 그 밑에 '미정 부떼이유 오 샤또Mise en Bouteille au Chateau'라는 문구는 샤또가 병입을 했다는 것을 나타냅니다. 가장 큰 글씨 샤또 무똥 로칠드Chateau Mouton Rothschild 밑에 쓰인 뽀이약Pauillac은 보르도의 뽀이약 지방에서 생산되었다는 세부 지역 표시입니다. 아펠라시옹 뽀이약 꽁뜨롤레Appellation Pauillac Controlee는 뽀이약의 생산규정을 따랐다는 것을 의미합니다. 또 바롱 필립 드 로칠드Baronne philippine de Rothschild라고 표기된 것은 와인을

제작한 샤또 이름입니다. 그리고 왼쪽 13%와 오른쪽 75cl은 알코올
함량이 13%, 와인의 용량이 750㎖라는 것입니다. 단순해 보였는데
참 많은 것이 담겨 있네요. 그러나 이 모든 것을 다 알 필요는 없습니
다. 가장 중요한 와인의 브랜드와 생산지역, 제작연도만 알아도 절
반 이상을 파악한 게 됩니다. 샤또 무똥 로칠드는 보르도 그랑크뤼
클라세에서 5개밖에 없는 1등급 와인 중 하나입니다. 생산지역인 뽀
이약은 지역 규정에서 까베르네 소비뇽을 기반으로 메를로 등 다른
품종을 약간씩 섞어 만듭니다. 즉 까베르네 소비뇽은 타닌이 많고
아주 묵직한 맛을 내는 포도 품종이므로 풀 바디의 와인으로 유추할
수 있습니다.

　이탈리아 와인을 볼까요. 프랑스 와인과 같은 방식으로 해석하면
됩니다. 그중 가장 중요한 키워드는 끼안띠 클
라시코Chianti Classico와 마르께시 안티노리Marchese
Antindri 두 가지입니다. 이 와인은 끼안띠 클라시
코라는 곳에서 해당 지역 규정(DOCG)을 통해
생산된 마르께시 안티노리Marchese Antindri 와인이라
는 것입니다. 끼안띠 클라시코는 토스카나주에
서 산지오베제를 중심으로 와인을 만드는 핵심
지역이므로 이 와인은 산지오베제를 주 원료로
사용한 것을 짐작할 수 있습니다. 산지오베제
90%를 사용해 산도가 있고 미디엄 바디의 느낌

마르께시 안티노리 와인

을 주는 와인이라는 것을 마시지 않고도 알 수 있는 것이죠.

미국, 칠레, 아르헨티나 등 신대륙 와인은 정말 쉽습니다. 이번에는 미국 와인 라벨이네요. 미국 오리건주에 있는 월라멧 밸리에서 난 피노 누아를 사용해 만든 와인으로 13.9%의 알코올 도수를 지니고 있다는 것만 읽어내면 됩니다. 세부적인 내용이 많지만 와인을 판독하는 데 큰 의미가 없는 것들이기 때문에 이 정도만 읽어낼 수 있으면 와인을 고를 수 있게 됩니다.

미국 오레곤 와인
라 크레마

와인과 음식,
궁합이 있다는데 —————

　　와인과 음식은 식탁의 가
장 친한 동반자입니다. 특히 유럽
의 가톨릭 국가에서는 음식에 반드
시 와인이 곁들여집니다. 와인은 기
본적으로 신맛을 가지고 있는데 신
맛이 음식의 풍미를 높여주기 때문
입니다. 셰프들이 요리를 완성한 후
마지막에 라임이나 레몬을 뿌리는
것도 이 때문입니다.

　　그러나 와인을 이제 막 즐기기 시
작한 초보자의 경우 음식에 맞는 와

이탈리아 토스카나의 바디아 아
파시냐노 그랑 셀레지오네

인을 고르기는 쉬운 일이 아닙니다. 일반적으로 화이트 와인은 생선이나 해물과 잘 어울립니다. 레드 와인은 기름기가 많은 고기와 환상적인 궁합을 보이며, 스위트 와인은 달콤한 디저트와 잘 어울립니다. 그러나 이는 아주 큰 틀에서 말하는 것이고 세부적으로 들어가면 음식과 와인을 매치시키는 것은 굉장히 어려운 일입니다. 하지만 아래에서 언급할 두세 가지 법칙만 알고 있으면 음식과 와인을 매치하는 데 큰 도움이 됩니다.

우선, 음식에 맞는 그 지역 와인을 선택하는 게 좋습니다. 예를 들어 이탈리안 레스토랑에 가면 그냥 이탈리아 와인을 고르는 게 아주 좋은 선택이 됩니다. 그 다음에 기름기가 있는 음식이면 레드 와인을, 기름기가 없는 담백한 생선이나 해물요리면 화이트를 고르면 됩니다. 실제로 쇠고기나 치즈를 활용한 요리에는 이탈리아 토스카나 와인이나 피에몬테 와인을 매치시키면 거의 맞아 떨어집니다. 반대로 해산물이 가득한 파스타 등에는 그 지역에서 난 화이트 와인을 먹으면 됩니다.

양고기 요리도 마찬가지입니다. 양고기를 즐겨 먹는 호주 사람들이 즐기는 쉬라즈Shiraz 와인이나 역시 육류가 주식인 아르헨티나 사람들의 주요 품종인 말벡 와인을 올리면 아주 훌륭한 궁합을 이룹니다. 와인은 음식과 함께 발전해왔기 때문에 그 지역 사람들이 식탁에 자주 올리는 와인이 그 지역 음식에 가장 잘 맞습니다.

두 번째, 식재료의 색깔에 따라 매치하는 방법입니다. 육류라 하더라도 고기의 색이 붉은 색을 띠는 쇠고기, 양고기 등은 레드 와인이 어울립니다. 반면 살이 흰색을 띠는 돼지고기, 닭고기 등은 다소

삼페인은 모든 요리에 잘 어울린다.

묵직한 화이트 와인이나 라이트 바디의 레드 와인이 보다 잘 어울립니다.

세 번째, 음식이 해산물과 육류가 순차적으로 나오는 식사 자리라면 그냥 라이트 바디의 레드 와인을 선택하면 다 잘 어울립니다. 라이트 바디 와인이란 알코올 도수가 13%나 13.5% 정도로 강하지 않고 단맛이 없는 와인을 말합니다. 라이트 바디 레드 와인으로는 산지오베제, 템쁘라니요, 피노 누아 등이 좋으며 화이트 와인으로는 샤르도네, 리슬링 등이 해당됩니다. 그리고 샴페인도 샐러드부터 진한 육즙의 스테이크까지 다 커버할 수 있는 좋은 아이템입니다.

와인이 여러 병일 때
마시는 순서가 있다던데 ———————

와인을 먹다 보면 한두 병을 놓고 먹을 때도 있지만 참석자가 많으면 여러 병의 와인을 마시게 될 경우가 많습니다. 이럴 때는 어떤 순서로 와인을 얼어야 하는지 고민이 됩니다. 소믈리에가 있는 식당의 경우 도움을 받을 수도 있지만 그렇지 않은 경우는 어떤 와인을 먼저 마셔야 할지 직접 정해야 합니다.

와인을 마시는 순서는 통상적으로 스파클링, 화이트, 레드, 스위트 와인 순으로 정합니다. 좋은 식당에서 코스 요리를 먹을 때 채소, 생선, 육류, 디저트가 나오듯이 와인도 가벼운 것부터 무거운 순으로 먹는 게 좋습니다.

그러나 같은 종류의 와인이라 하더라도 알코올 도수와 타닌 등 질감이 제각각이기 때문에 같은 화이트나 레드라 하더라도 세부적으로 구분하는 게 좋습니다. 우선 화이트의 경우 소비뇽 블랑, 리슬링, 샤르도네 순으로 질감이 무겁습니다. 레드는 피노 누아, 산지오베제, 뗌쁘라니요, 메를로, 까베르네 소비뇽, 시라, 말벡 등의 순으로 무겁습니다. 그러나 샤르도네가 오크 터치가 많이 된 와인이라면 피노 누아 와인 앞에 놔도 괜찮습니다. 사실 질감으로 따지면 샤르도네가 피노 누아보다 무겁습니다. 그래서 샤르도네를 화이트를 가장한 레드 와인이라고 하며, 피노 누아를 레드를 가장한 화이트 와인이라고도 합니다.

같은 색깔의 와인이라 하더라도 올드 빈티지와 영 빈티지 와인이 섞여 있는 경우 올드 빈티지를 먼저 엽니다. 올드 빈티지는 세월이 흐르면서 와인의 파워가 약해졌기 때문에 아무리 강한 품종이라 하더라도 영 빈티지 와인을 먹고 나면 밍밍하게 느껴질 수 있기 때문입니다.

와인을 여러 병 준비했을때는 순서를 잘 정해서 마셔야 한다. 조셉 펠프스의 와인들.

또 가격별로 정하는 경우도 있습니다. 예외적으로 아주 좋은 와인이 한 병 있는 경우나 술을 전혀 하지 못하는 사람을 배려해야 할 경우 좋은 와인을 먼저 개봉하는 경우도 있습니다.

어떤 전문가는 화이트 와인 중 소비뇽 블랑을 맨 나중에 먹기도 합니다. 샴페인부터 화이트, 레드 와인 순으로 시작했어도 마지막에는 상큼하게 입가심을 하기 위해서 소비뇽 블랑이나 리슬링을 먹는 것이죠.

와인을 정하는 순서는 통상적인 방법을 따르는 게 가장 좋지만 이처럼 상황에 따라, 참석자의 취향에 따라 다르게 적용해도 괜찮습니다.

와인, 꼭 온도까지 따져가면서 마셔야 할까요

　　와인의 풍미를 좌우하는 가장 큰 요소는 산도와 타닌, 알코올 등입니다. 그런데 와인을 마실 때 온도가 맞지 않으면 와이너리가 의도한 맛과 전혀 다른 맛을 냅니다.

　　레드 와인의 경우 통상적으로 섭씨 18도 정도에서 가장 좋은 맛을 냅니다. 그러나 서빙될 때 온도가 너무 높아 22도 정도만 넘어가도 알코올 향이 강하게 올라와 와인의 좋은 맛과 향을 가립니다. 또 서빙 온도가 너무 낮으면 아로마와 부케가 전혀 올라오지 않습니다. 산도는 좋지만 타닌이 다소 거칠게 느껴져 아무리 좋은 와인도 구조감이 흐트러집니다.

　　화이트 와인의 경우 신맛이 가장 중요한데 온도가 높으면 산도가 무뎌져 풀죽은 와인이 됩니다. 화이트 와인은 섭씨 10도 안팎에서 서빙

적정한 온도에 맞춰 서빙된 좋은 와인은
식사자리를 더욱 즐겁게 만든다.

될 때 산도와 각종 미네랄 느낌이 균형을 이뤄 가장 맛있습니다.

스파클링 와인은 이보다 좀 더 낮은 온도에서 먹습니다. 섭씨 6~8도 정도가 가장 좋습니다. 서빙 온도가 조금만 높아도 특유의 섬세한 기포와 우아한 향이 사라집니다.

그래서 와인 잔을 잡을 때도 화이트 와인이나 스파클링 잔은 스템을 잡는 게 좋습니다. 격식을 차리기 위해서가 아니라 와인을 맛있게 먹기 위해서입니다. 그러나 레드 와인 잔의 경우는 볼을 잡아도 괜찮습니다. 오랜 시간 동안 잡지 않는다면 맛의 변화는 잘 일어나지 않습니다.

먹다 남은 와인
어떻게 보관할까

와인을 혼자 먹다 보면 남은 와인을 어떻게 할지 고민에 빠지는 경우가 자주 있습니다. 남은 와인을 버리기는 아깝고 밀봉해 보관하자니 어떤 방법으로 어떻게 어디서 보관해야 할지, 또 얼마 동안 가능한 건지 참 어려울 때가 있습니다.

이럴 땐 너무 고민하지 말고 그냥 코르크를 다시 막아 세워서 실온에 보관하면 됩니다. 와인은 공기와 접촉하는 순간부터 산화가 일어나는데 코르크나 스크류 캡을 막으면 어느 정도는 산화를 막을 수 있습니다. 그러나 와인 개봉 후 아무리 길어도 일주일 내에는 비우는 게 좋습니다.

남은 와인을
스토퍼로 막아놓은 모습

스토퍼와 캡

특히 와인이 적게 남았을 경우는 산화가 더 빨리 일어나기 때문에 2~3일 내 먹는 게 좋습니다.

실내 온도가 섭씨 20도를 넘어가는 계절에는 산화가 더 빨리 일어나기 때문에 냉장고에 보관하는 게 좋습니다. 그러나 며칠만 지나도 자칫 음식 등 다른 냄새가 밸 수 있기 때문에 되도록 하루이틀 내에 먹는 것을 권장합니다.

요즘은 진공스토퍼도 사용합니다. 비싸지 않은 가격에 구입할 수 있는 아이템으로 보관기간을 좀 더 늘려주는 효과는 있지만 전문가들은 그다지 추천하지 않습니다.

사실 짧은 시간에 혹은 한 번에 다 비우는 것보다 이틀 정도 동안 와인이 변해가는 모습을 천천히 즐기는 것도 와인을 제대로 느끼는 방법입니다. 와인은 산소와 접촉하는 순간부터 계속 변화합니다. 막 열었을 때 아로마와 부케가 다르고 산도와 타닌, 질감도 시간이 흐르면서 수시로 바뀝니다. 영 빈티지와 올드 빈티지가 다르고, 품종과 지역에 따라 또 다릅니다. "와인 속에 사계절이 다 있다"고 말하는 이유입니다.

와인 살 때 망빈은
절대 집지 말라고 하는데

"이 와인 싸게 나왔네. 에이, 이거 '망빈'이잖아." 대형 마트나 와인 숍에 가면 와인을 고르다가 이 같은 말을 하는 사람들을 가끔 봅니다. 속칭 '망빈'이라 부르는 와인은 '망한 빈티지Vintage'에 수확한 포도로 만든 와인을 말합니다.

사람들이 와인에 대해 많이 말하는 망빈, 평빈, 굿빈, 그레이트빈 등의 기준은 주로 기후에 따른 포도 작황을 의미합니다. 해당 연도에 해당 지역에서 포도가 움이 트고, 꽃이 피고, 열매를 맺고, 익어 수확이 이뤄질 때까지 생육 환경이 어땠는지를 판단해 점수화한 일종의 판단지표입니다.

특히 보르도 와인은 빈티지를 정말 많이 탑니다. 세계 와인의 심장으로 불리는 곳이지만 큰 강과 대서양을 접하고 있는 탓에 날씨가 정말 변화무쌍하기 때문입니다. 그래서 포도 품질이 해마다 들쭉날쭉합니다.

와인은 수확한 포도만으로 처음부터 끝까지 오로지 자연의 힘으로 얻어지는 술입니다. 따라서 생산된 포도 품질은 와인의 품질에 거의 절대적인 영향을 줍니다. 포도가 움이 트는 시기에 기온이 내려가거나 서리라도 내리면 그해 수확량이 뚝 떨어지고 품질도 나빠집니다. 또 수정이 일어나는 5월~6월 즈음에 비가 계속 내리면 열매가 달리지 않거나 열매가 달려도 씨가 없는 포도가 됩니다. 나중에 와인을 만들어도 타닌이 제대로 우러나지 않는 심각한 상황에 처하게 됩니다. 포도가 익어가는 시기에 비가 자주 내리면 포도의 당분 함량이 뚝 떨어집니다. 포도 껍질도 두꺼워지지 못해 폴리페놀이 제대로 축적되지 못합니다. 열매가 제대로 맺히지 않으면 와이너리 입장에서 포도 수확량이 줄게 됩니다. 특히 포도의 당분이 떨어지거나 폴리페

빈티지 차트-르 쁘띠 리옹 드 라스카스

놀이 부족하면 알코올 도수가 제대로 나오지 않고 장기숙성에도 큰 문제가 생기는 등 좋지 않은 품질의 와인이 만들어집니다. 빈티지가 중요한 이유입니다.

프랑스 보르도에서는 1997년, 1998년, 2007년, 2013년 등이 대표적인 망빈으로 분류됩니다. 또 이탈리아는 2009년과 2014년(피에몬테 제외) 등이 약한 빈티지로 꼽힙니다.

그런데 망빈 와인은 정말로 맛이 떨어질까요. 결론부터 말하면 논란이 있기는 하지만 유명 와이너리 와인이라면 망빈도 나름 꽤 괜찮습니다. 오히려 여러 장점이 있습니다.

우선 보르도 와인의 예를 들어보면 굿빈과 망빈의 차이는 정말 큽니다. 그러나 이는 전체 지역에 대한 우려일 뿐입니다. 적어도 그랑크뤼 클라세 상위 등급 와이너리에서는 망빈도 평빈이나 굿빈 수준까지 잘 살려내고 있습니다. 과거와 달리 양조 기술이 근래 들어 눈에 띄게 좋아졌기 때문입니다. 예를 들어 2013년은 봄에 냉해를 입은 데다 여름과 가을에는 비가 많이 와서 당도 축적에 문제가 있었습니다. 그러나 와이너리들은 역삼투압 방식을 동원해 당도를 높여 평빈 수준의 와인을 만들었습니다. 또 햇살이 부족해 옅어진 폴리페놀은 발효를 진행한 와인에 껍질을 더 오랜 시간 동안 담가둬 타닌을 보충했습니다. 타닌이 부족하면 장기숙성에 문제가 생기는데 이마저도 일부 보완한 것입니다.

그래서 일부 전문가들은 망빈 와인을 꼭 거부할 이유가 없다고 말합니다. 특히 그랑크뤼 클라세 상위 등급의 고가 와인이라면 다른 빈티지보다 저렴한 가격에 그 와이너리의 스타일을 경험할 수 있어 장점이 있다고 말합니다. 굿빈의 경우 최소 10년 또는 20년 이상 숙성 후에나 제대로 된 맛을 내는 반면 망빈의 경우 장기숙성 능력은 떨어지지만 수년만 지나도 와이너리가 추구하는 맛을 내기 때문입니다.

그랑 뱅,
스공 뱅이 뭐야 _____

　　프랑스 보르도 그랑크뤼 클라세 상위 등급 와인이나 이탈리아 토스카나의 고가 수퍼 투스칸 와인 등을 먹으려면 정말 큰 규모의 지출이 필요합니다. 이런 고가 와인들은 막상 큰돈을 들여 구입해도 바로 먹을 수가 없습니다. 장기 숙성을 요하는 와인이기 때문에 셀라에서 오랜 시간을 거쳐야 비로소 제맛을 즐길 수 있습니다. 그렇다고 시음 시기에 있는 올드 빈티지 와인을 구하기는 비용이 이보다 더 많이 들기 때문에 부담스러운 게 현실입니다.

　　그래서 일부 마니아들은 고가 와인의 경우 스공 뱅Second Vin을 구입해 마십니다. 영어로 세컨드 와인Second Wine을 말하는 스공 뱅은 해당 와이너리가 와인을 만들 때 퍼스트 와인인 그랑 뱅Grande Vin에는 품질이 못 미친다고 판단해 서브 브랜드로 내놓는 와인입니다. 그러나 와인의 품질이나 스타일은 그랑 뱅과 거의 차이 나지 않습니다. 대부분 같은 밭에서 난 포도를 사용하고, 같은 양조시설에서 같은 양조 방법으로 똑같이 만들어집니다. 다만 좀 더 이른 시기에 코르크를 열 수 있도록 블렌딩 때 품종 비율을 조정하고 오크 숙성도 과하지 않게 적용하는 것만 다릅니다.

톱클래스의 와이너리에서 생산된 스공 뱅은 웬만한 와이너리에서 만든 그랑 뱅보다 훨씬 품질이 좋습니다. 그래서 가격도 만만치 않습니다. 예를 들어 보르도 그랑크뤼 클라세 1등급인 샤또 라피트 로칠드의 스공 뱅인 까뤼아드 드 라피트^{Carruades de Lafite}나 샤또 라뚜르의 스공 뱅인 레 포르 드 라뚜르^{Les Forts de Latour}는 2등급 최상위 와인들보다도 훨씬 비싸게 팔릴 정도입니다.

와이너리 양조자는 첫 번째 숙성이 끝난 후 오크통 속 와인을 시음하며 블렌딩을 진행하는데 최고의 품질에 못 미치는 경우 스공 뱅으로 분류합니다.

스공 뱅은 통상적으로 수령이 어린 포도나무에서 열린 포도로 만듭니다. 수령이 오래되지 않은 나무에서 열린 포도로 와인을 만들면 산도와 타닌이 강하고 색깔도 진하지만 깊은 맛과 풍부

샤또 라피트 로칠드(왼쪽 두 번째), 샤또 레오빌 라스카스(세 번째) 그랑 뱅과 샤또 라피트 로칠드의 스공 뱅 카뤼아드 드 라피트(첫 번째), 샤또 레오빌 라스카스의 스공 뱅 르 쁘띠 리옹 드 라스카스

Liv-ex Classification - Second Wines			
Wine	2017	2015	Price*
Carruades Lafite	2nd	2nd	£1,749
Forts Latour	2nd	2nd	£1,536
Petit Mouton	2nd	2nd	£1,485
Pavillon Rouge	2nd	2nd	£1,231
Clarence Haut Brion	2nd	2nd	£729
Chapelle Mission	3rd	3rd	£490
Alter Ego Palmer	4th	3rd	£437

Liv-ex 기준 톱 와이너리의 스공 뱅 가격표

한 질감, 농축도 등이 다소 부족합니다. 포도나무는 품종에 따라 차이가 있지만 통상적으로 심은 지 20~25년이 지나야 최상의 열매가 열립니다. 어린 포도나무와 달리 뿌리가 밑으로 많이 내려가 다양한 미네랄 성분을 빨아들여 포도가 깊은 맛을 내기 때문입니다. 하지만 심은 지 40~50년이 되면 열매가 제대로 열리지 않아 나무를 뽑아내고 새로운 나무를 심게 됩니다. 그랑 뱅을 위한 밭에 심은 포도나무지만 아직 수령이 어려 포도 열매는 복합미가 부족하게 됩니다. 그래서 어린 나무에서 나는 포도는 스공 뱅으로 만들게 됩니다.

또 빈티지가 유독 좋지 않은 해에는 그랑 뱅의 생산량을 대폭 줄이고 대거 스공 뱅으로 돌려 출시하기도 합니다. 스공 뱅은 좋지 않은 특정 빈티지에 생산된 와인이 그랑 뱅의 이름을 달고 나가게 되면 자신들의 명성에 금이 갈 수 있기 때문에 별도의 이름을 쓴 데서 유래했습니다. 과거에는 빈티지가 좋지 않아 와인의 품질이 떨어져도 자체 기준을 낮게 적용해 그랑 뱅에 섞어 출시했지만 스공 뱅이 등장하면서부터는 오히려 그랑 뱅의 수준이 한결 높아지는 계기가 됐습니다.

와인은
무조건 묵혀야 좋다?

　　와인을 처음 시작하는 사람들일수록 와인은 오래 묵히면
좋다고 생각하는 사람들이 많습니다. 그러나 오래 묵혀 숙성되는 맛
을 즐길 수 있는 와인은 따로 있습니다. 세상에 출시되는 와인 중
100병에 1병 정도만이 오래 묵힐수록 맛이 좋아지는 와인입니다. 중
저가 와인은 출시된 시점이 가장 맛있는 때입니다. 와인 가격이 워
낙 천차만별이라 기준점을 정하기 쉽지 않지만 일단 대형 마트에서
한 병에 5만 원 이하 와인은 구입한 시점이 가장 맛있는 때라고 보면
됩니다. 적어도 구입가격이 대략 10만 원이 넘어가면 10년 이상 장
기숙성이 가능한 와인이라고 생각하면 됩니다.
　　장기숙성은 화이트 와인보다 레드 와인이 유리합니다. 숙성을 오
래 가져가기 위해서는 타닌과 산도가 가장 중요한데 화이트 와인의

경우 껍질이나 씨앗 등에서 나오는 타닌을 포함시키지 않기 때문에 아무래도 불리합니다. 또 품종별로는 껍질이 두껍고 씨앗이 크고 알이 작은 까베르네 소비뇽 품종의 와인이 과실이 크고 껍질이 얇은 피노 누아 품종보다 타닌이 많아 장기숙성에 유리합니다.

장기숙성이 이뤄지고 있는
와인들

같은 품종이라도 와이너리 양조자의 결정에 따라 장기 숙성 여부가 결정되기도 합니다. 예를 들어 발효 과정에서 껍질을 담가두는 시간이 길수록 타닌이 많이 우러나게 됩니다. 타닌은 천연방부제입니다.

그러나 아무리 장기숙성형으로 만들어져도 보관을 잘못하면 와인은 변질되거나 맛이 달라집니다. 햇볕을 반드시 차단하고 진동이 없는 곳에 뉘어서 보관해야 합니다. 와인냉장고에 보관해야 합니다. 와인냉장고는 레드 와인의 경우 섭씨 12도, 습도 75%를 유지하고 있습니다.

와인 처음 시작하는데
어떤 와인부터 먹을까요 ——————

　　와인을 이제 막 경험하기 시작했거나 와인을 체계적으로 배워보고 싶다는 사람들이 자주 묻는 질문입니다. 사실 와인은 너무도 다양한 맛과 향을 내는 술이어서 와인을 다 안다는 것은 불가능한 일입니다. 같은 와이너리에서 똑같은 방식으로 생산된 와인이라하더라도 해마다 맛과 향이 다릅니다. 심지어는 같은 해에 담근 와인이라도 오크통마다 서로 맛과 향이 다를 수도 있습니다.

　　유명한 식당에 가서 음식을 먹을 때 그 식당이 어떤 음식을 내고, 어떤 메뉴를 잘하며, 어떤 맛으로 유명한지 등을 알고 가면 음식 맛이 더욱 새롭게 다가오는 것처럼 와인도 똑같습니다. 와인 코르크를 열기 전에 해당 와인이 어느 품종이고 어느 나라, 어느 지역, 어느 와이너리에서 몇 년도에 생산됐는지를 알면 와인 맛을 더욱 잘 느낄 수 있게 됩니다.

이는 많은 대중들로부터 모아진 빅 데이터Big Data를 가지고 자신이 접할 음식이나 와인과 비교하며 즐기게 된다는 것을 의미합니다. 토정 이지함의 토정비결이나 사람의 얼굴로 성격과 기질을 파악하는 관상도 빅 데이터가 모여서 하나의 일관적인 특징을 이루게 된 것을 정리한 것입니다.

그래서 와인을 오랜 시간동안 경험한 마니아들은 와인의 색깔과 향, 맛을 보고 품종을 대략 맞힙니다. 또 어느 대륙, 어느 나라에서 만든 와인인지도 거의 구분하는 경우도 많습니다. 초보자라면 사람을 한눈에 보고 구분하는 토정비결, 관상의 원리처럼 와인에 대한 자신만의 빅데이터를 자꾸 쌓아야 합니다. 그러려면 단일 품종 와인부터 시작해야 합니다. 까베르네 소비뇽, 메를로, 시라, 산지오베제, 바롤로, 피노 누아, 샤르도네, 소비뇽 블랑 등 단일 품종으로 빚은 와

각 대륙별
다양한 종류의 와인들

인을 먼저 접하고 그 다음에 블렌딩된 와인을 마시면서 경험치를 쌓아가는 게 좋습니다.

　분명한 것은 단일 품종으로 빚은 와인일 경우 까베르네 소비뇽과 메를로, 쉬라즈, 산지오베제, 바롤로 등 와인은 정말 많이 다릅니다. 일단 같은 레드 와인이지만 색깔부터 구분이 되고 잔에서 피어오르는 향과 혀에서 느끼는 맛도 완전히 다릅니다. 이렇듯 품종별 특징을 먼저 구분할 수 있어야 합니다. 그다음에는 같은 품종이라도 대륙별로 다른 점을 느낄 수 있어야 합니다. 예를 들어 같은 메를로 단일 품종 와인을 마신다고 해도 유럽 대륙 메를로와 아메리카 대륙 메를로가 확연히 다릅니다. 같은 대륙에서 나왔어도 프랑스 보르도 생떼밀리옹 메를로와 이탈리아 토스카나 메를로가 또 다릅니다. 칠레와 미국 메를로는 더욱 확연히 다르고요. 까베르네 소비뇽, 피노 누아, 시라 등도 마찬가지입니다.

　그다음에 블렌딩 와인을 접하면 와인을 보다 쉽게 알아갈 수 있게 됩니다.

| 참고 자료 |

『백년전쟁 1337~1453』, 데이먼드 수어드, 미지북스
『화폐전쟁1』, 쑹훙빙, 랜덤하우스
〈밴드 오브 브라더스(Band of Brothers)〉, 스티븐 엠브로스 원작, 스티븐 스필버그,
톰 행크스 제작 드라마
〈저니스 엔드(Journey's End)〉, 사울 딥 감독 영화
『신의 물방울』, 아기 타다시, 오키모토 슈, 학산문화사
『와인, 문화를 만나다』, 장홍, 다할미디어
『라이벌 와인: 최고의 와인을 향한 치열한 승부사』, 조정용, 한스미디어

와인글라스에 담긴 인문학 이야기

와인 콘서트

1판 1쇄 2022년 5월 10일
　　　2쇄 2022년 8월 10일

지 은 이 김관웅

발 행 인 주정관
발 행 처 더좋은책
주　　소 서울특별시 마포구 양화로 7길 6-16
　　　　　서교제일빌딩 201호
대표전화 02-332-5281
팩시밀리 02-332-5283
출판등록 2011년 11월 25일 (제2020-000287호)
홈페이지 www.ebookstory.co.kr
이 메 일 bookstory@naver.com

ISBN 978-89-98015-34-3 03900

※잘못된 책은 바꾸어드립니다.